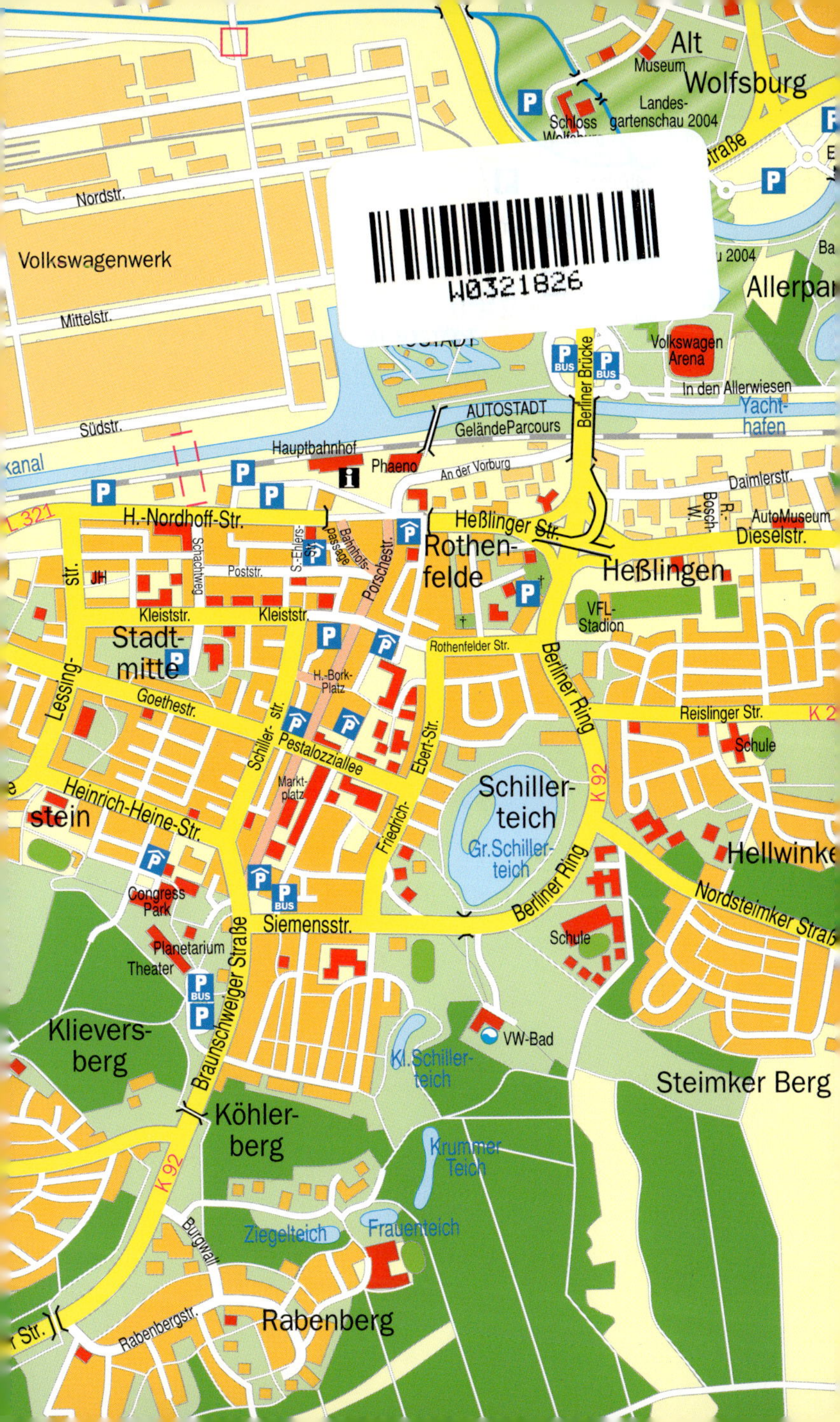

Alt Wolfsburg
Museum
Schloss
Landesgartenschau 2004
Nordstr.
Volkswagenwerk
Mittelstr.
Südstr.
Allerpa
Volkswagen Arena
In den Allerwiesen
Yachthafen
AUTOSTADT
GeländeParcours
Berliner Brücke
kanal
Hauptbahnhof
Phaeno
An der Vorburg
Daimlerstr.
Bosch-W.
R.-
AutoMuseum
Dieselstr.
L 321
H.-Nordhoff-Str.
Schachtweg
S.-Ehlers-Str.
Bahnhofspassage
Porschestr.
Heßlinger Str.
Rothenfelde
Heßlingen
JH
Poststr.
Lessing-str.
Kleiststr.
Kleiststr.
VFL-Stadion
Stadtmitte
H.-Bork-Platz
Rothenfelder Str.
Berliner Ring
Reislinger Str.
K 2
Goethestr.
Schiller-str.
Pestalozziallee
Ebert-Str.
Schule
Marktplatz
Friedrich-
Schillerteich
Gr.Schillerteich
K 92
Heinrich-Heine-Str.
stein
Hellwinke
Berliner Ring
Nordsteimker Straß
Congress Park
Siemensstr.
Schule
Planetarium
Theater
Braunschweiger Straße
VW-Bad
Klieversberg
Kl.Schillerteich
Steimker Berg
Köhlerberg
K 92
Krummer Teich
Burgwall
Ziegelteich
Frauenteich
Rabenberg
Str.
Rabenbergstr.

Wolfsburg
in 24 Stunden

Knut Diers

L&H Verlag

LANDESGARTENSCHAU WOLFSBURG 2004

KLEINER LANDESGARTENSCHAU-FÜHRER

L&H VERLAG

DIE LANDESGARTENSCHAU WOLFSBURG 2004

Bewegte und bewegende Landschaften vom 23. April bis 10. Oktober 2004. Freuen Sie sich auf die Landesgartenschau in Wolfsburg mit außergewöhnlichen Gärten, farbenfrohen Blütenträumen und einem bunten Strauß von Attraktionen.

Lassen Sie sich verzaubern von herrlicher Ruhe und prächtiger Natur. Oder möchten Sie lieber attraktive Veranstaltungen wie zum Beispiel das Jazzfest, das Chorfest oder das Ballonfahrertreffen erleben? Sie können aber auch eine der Sport- und Spielflächen nutzen. Die Vielfalt ist enorm, denn die Landesgartenschau vereint Allerpark und Schlosspark zu einem Gesamtereignis aus Besinnung und Bewegung, das kaum Wünsche offen lässt. Für Familien, für Gartenfreunde, für Aktive, für Sportler, für Alt und Jung – eben für alle, die bereit sind, ihre Natur zu entdecken.

An den 171 Tagen der Landesgartenschau Wolfsburg 2004 stehen der traditionelle Schlosspark und der neu geschaffene Allerpark unter dem Motto „Entdecke Deine Natur“. Dabei ist der Kontrast der besondere Reiz: Im Allerpark mit dem neuen See stehen die Zeichen auf Mobilität und Bewegung, im Schlosspark überwiegen dagegen die traditionellen Aspekte in Kombination mit der Moderne.

Die Gesamtfläche der Landesgartenschau von ca. 37 Hektar teilt sich in zwei Bereiche, wobei der Allerpark 11 Hektar und der Schlosspark 26 Hektar einnimmt. Das gesamte Landesgartenschau-Gelände wird durch die Unterführung unter der B188 und durch ein „Florales Band“ verbunden, das den Besucher kontinuierlich auf seinem Weg durch die Gartenschau begleitet.

Der Allerpark

Der neu geschaffene Allerpark vereint Spannung und Entspannung sowohl in der Gestaltung, als auch im Programm. Hobbygärtner und Sportler fühlen sich hier gleichermaßen gut aufgehoben. Kinder freuen sich über zahlreiche Attraktionen, Sportler können Mut und Geschick auf der speziellen Skater-Skulptur unter Beweis stellen. Darüber hinaus wird hier noch Gelegenheit zum Beachvolleyball, Beachsoccer und Basketball spielen gegeben. Auf dem drei Hektar großen See, der im Allerpark gelegen ist, werden künstlerische Naturinszenierungen installiert, die interaktiv zahlreiche Überraschungen bieten. Das Gelände zeichnet sich durch interessante Geländemodelierungen aus: Zwei Hügellandschaften laden ein, die Landesgartenschau von oben zu betrachten und schaffen immer wieder völlig unterschiedliche Ansichten. Auch die beliebten Themengärten finden sich im Allerpark, die als "Poolgarten", "Rasenwellengarten", "Fußballgarten", "Bambus-Garten" oder "Foucaultsches Pendel" Ideen und Anregungen für den eigenen Garten bieten.

Der Schlosspark

Im Gegensatz zum Allerpark bildet der Schlosspark den ruhigeren Teil der Landesgartenschau. Der historische Landschaftsgarten mit seinem alten Baumbestand wird durch zahlreiche Neupflanzungen erweitert. Zum Beispiel mit dem 180 Meter langen Blumenzopf, der mit über 200.000 Tulpen zur Frühlingszeit und mit Hunderttausenden von Sommerblumen lockt. Ein besonderes Highlight: die drei „Kreisgärten" mit unterschiedlichen gärtnerischen Themen, den Wüsten-, Wald- und Rosengarten. Edelstahleinfassungen schaffen dabei mit ihren Spiegelungen besondere visuelle Erlebnisse.

Ebenfalls im Schlosspark angesiedelt ist der Bereich für die beispielhaften Grab-Bepflanzungen. Gleich nebenan liegt der KirchenGarten. Hier finden auch verschiedene kirchliche Veranstaltungen statt. In der Blumenhalle, die sich in der ehemaligen Brauscheune des Schlosses befindet, erwarten den Besucher wechselnde Hallenschauen z.B. „Für Topf und Tafel", „Aufgeblättert von XS bis XXL", „Private Oasen" und vieles mehr. An der Blumenhalle gelegen ist auch der Ausstellungsbereich für Terrassen- und Balkonsituationen. Veranstaltungen wie Reitvorführungen, Pferdeschauen oder Ponyreiten schaffen den Bezug zum Niedersächsischen Wappentier, dem Pferd, das ebenfalls Themen-Schwerpunkt der Landesgartenschau ist.

LANDSCHAFTSARCHITEKTONISCHER WETTBEWERB

1. Preis Gabriele G. Kiefer, Berlin
2. Preis Adam + Partner, Potsdam
3. Preis TOPOTEK 1, Berlin
4. Preis Prof. Nagel, Schonhoff + Partner, Hannover

Preisgerichtsbeurteilung zum 1. Preis: Ausgehend von den Qualitäten des Ortes, alte Wolfsburg, Feldflur und Wasserflächen wird ein kraftvolles Parkkonzept entwickelt. Die intensive Freizeitnutzung (Skihalle, Eissporthalle, Fußballstadion) wird subtil mit neuen Parkelementen, so genannten „archetypischen Setzungen" zu einem stimmungsvollen Parkraum verdichtet. Der Allersee wird gekonnt großflächig erweitert. Entlang des Nordufers erschließt eine Promenade die neuen Teile des Parks. Unterschiedliche Baumhaine sind aus der spezifischen Situation entwickelt und versprechen zusammen mit den angrenzenden Wiesen- und Wasserflächen eine prägnante neue Parklandschaft. Die vorgeschlagene Konzeption für die LAGA überzeugt.
(Auszug aus der Wettbewerbsbegründung)

ZENTRALE INFORMATIONEN

SERVICE-HOTLINE DER LANDESGARTENSCHAU WOLFSBURG:
01805 9 62 52 42 / 01805-WOBLAGA (0,12 €/Min.)
info@landesgartenschau-wolfsburg.de

CITY MARKETING & TOURISMUS WOLFSBURG E.V.
Heinrich-Heine-Straße 34a, 38440 Wolfsburg
Fon 05361 218 41, Fax 05361 281 45
www.wolfsburg-tourismus.de

TOURIST-INFORMATION AM HAUPTBAHNHOF
City Marketing & Tourismus Wolfsburg e.V.
Willy-Brandt-Platz 5, 38440 Wolfsburg
Fon 05361 143 33, Fax 05361 123 89

MSGA MARKETING- UND SERVICEGESELLSCHAFT ALLERPARK GMBH
Major-Hirst-Straße 11, 38442 Wolfsburg
www.landesgartenschau-wolfsburg.de

TMN TOURISMUSMARKETINGNIEDERSACHSEN GMBH
Theaterstraße 4-5, 30159 Hannover
Fon 0511 270 48 80, Fax 0511 27 04 88 88
info@reiseland-niedersachsen.de, www.reiseland-niedersachsen.de

HOTELBUCHUNG-HOTLINE:
Fon 05361 218 41

WVG WOLFSBURGER VERKEHRS-GMBH
Heßlinger Straße 1-5, 38440 Wolfsburg
Fon 05361 18 90, Fax 05361 18 93 38
www.wvg.de

REISESERVICE DER DEUTSCHEN BAHN
ReiseService 11 8 61 (0,25 €/15 Sek.)
Automatische Fahrplanauskunft unter 0800 150 70 90 (kostenlos)
www.bahn.de

Öffnungszeiten

Montag bis Sonntag von 9.00 Uhr bis zum Einbruch der Dämmerung (Kassenschluss: Eine Stunde vorher)

Eintrittspreise

Tageskarten

Erwachsene	11,00 €
Ermäßigte	8,00 €
Kinder (bis einschl. 15 Jahre)	2,50 €
Gruppe (ab 20 Personen)	10,00 €

Dauerkarten

Erwachsene	70,00 €
Ermäßigte	55,00 €
Kinder	15,00 €

Kombiticket Autostadt / Landesgartenschau

Erwachsene	22,00 €
Kinder	8,50 €
Gruppe Kinder	7,50 €
Gruppe	20,00 €

Ermässigte Preise erhalten Schüler, Studenten und Auszubildende, Behinderte (80 %), Sozialausweisinhaber und Arbeitslose

Freien Eintritt erhalten begleitende Lehrer (max. 2 Lehrer pro Schulklasse), Begleiter von Behinderten (Vermerk B oder H), Kinder unter 1,10 m Größe, akkreditierte Journalisten, Busfahrer, Reiseleiter

Eintrittskarten sind erhältlich an den Tageskassen, bei der Tourist-Information am Hauptbahnhof, beim CMT und deren Vorverkaufsstellen, bei den Vorverkaufsstellen der WVG Wolfsburger Verkehrs-GmbH, den Wolfsburger Tageszeitungen und vielen weiteren Verkaufsstellen. Ticketverkauf und Buchungen über die Hotline des Landesgartenschau-Service-Centers: 01805 9 62 52 42 / 01805-WOBLAGA (0,12 €/Min.), info@landesgartenschau-wolfsburg.de

Legende
1 Volkswagen KinderCamp
2 Spielplatz Riesenland/ Rund ums Pferd
3 Gartencafé am Schloss
4 Blumenhalle/ Gastronomie
5 Grabbepflanzung/ Grabmale
6 Kirchengarten
7 Kreisgärten
8 Der runde Schlossblick
9 Spielplatz Zwergenstrand
10 Café am See
11 Treidelblüten im See
12 Gastronomie/Plaza/ Hauptbühne
13 Themengärten
14 Spielplatz Bodenlos
Eingang
1
2
Schloss W
AUTOSTADT
Mittellandkanal
DB

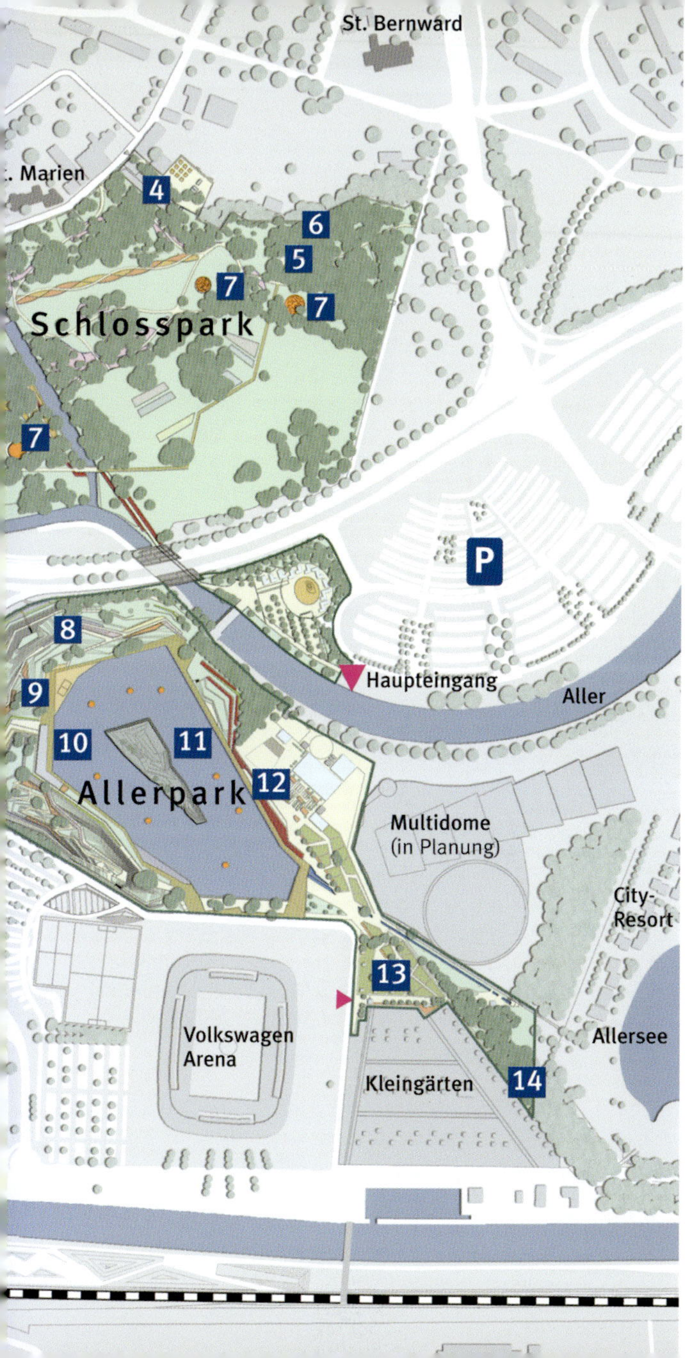
St. Bernward
. Marien
4
6
5
7
7
Schlosspark
7
P
8
9
Haupteingang
Aller
10
11
Allerpark
12
Multidome
(in Planung)
City-
Resort
13
Volkswagen
Arena
Allersee
Kleingärten
14

SERVICE FÜR BESUCHER

Besucher mit Handicap

Das Gelände der Landesgartenschau Wolfsburg 2004 ermöglicht behinderten Personen einen weitestgehend barrierefreien Besuch. Vor dem Haupteingang sind gesonderte Behindertenparkplätze eingerichtet. Am Haupteingang gibt es auch eine entsprechende Behindertentoilette. Auf dem Gelände selbst können auch Rollstuhlfahrer den Park weitgehend ungehindert erleben. Die Wege verfügen über eine ausreichende Breite und Befestigung. Bis auf wenige Ausnahmen wurden die Gefällegrade gering gehalten und Treppenanlagen durch Rampen ergänzt. Die Gebäude auf der Landesgartenschau, z.B. Blumenhalle oder gastronomische Bereiche sowie sanitäre Einrichtungen sind ebenfalls behindertengerecht gestaltet. Der Besucherdienst bietet einen Rollstuhl und Elektromobil-Verleih sowie spezielle Führungen an und kümmert sich um sonstige Belange der Besucher.

Führungen

Führungen sind nicht im Eintrittspreis enthalten. Für Gruppen werden zwei verschiedene Arten von Führungen angeboten: Die Übersichts-Führung stellt das Gelände vor und lässt viel Raum für eigene Erkundungen. Sie kostet 40 € für Gruppen bis 25 Personen und dauert ca. 1,5 Stunden. Die Intensiv-Führung beinhaltet dagegen fachspezifischere und detailliertere Informationen zur Gartenbaukunst und ist dadurch auch mit 2 Stunden etwas zeitintensiver. Sie kostet 60 € für Gruppen. Wer sich spontan auf der Landesgartenschau entschließt, an der Übersichtsführung teilzunehmen, bezahlt 3 € pro Person. Terminvereinbarungen und Reservierungen unter: 01805 9 62 52 42 (0,12 €/Min.)

Gastronomie

Für das leibliche Wohl wird an verschiedenen Standorten gesorgt: An der Hauptbühne, an der Blumenhalle, im Café am See, im Gartencafé am Schloss, im Pavillon an der Pferdewiese und am Haupteingang.

Die Hotels und Restaurants stellen sich auf die Landesgartenschau 2004 mit besonderen Aktionen ein, z.B.: Das Parkhotel bietet Landesgartenschaumenüs an. Das sind themenorientierte 4-Gänge-Menüs wie Spargelmenü, Rosengartenmenü, Kräutergartenmenü u.a. Das Seehotel am Tankumsee bietet die Aktion „Blüte sucht Biene“ zur Landesgartenschau.

Kinder

Junge Landesgartenschau-Besucher werden im Volkswagen KinderCamp ganztägig pädagogisch kreativ inmitten der Natur betreut. Hier werden auch Künstler-Workshops für Kids angeboten. Im Schlosspark finden die Kleinen auf den Pferdewiesen einen Spielplatz, auf dem allerlei aufblasbare Spielgeräte warten. Action-Kids toben sich mit Skateboard und Inlinern auf der Skaterskulptur im Allerpark aus. Die Kleinsten üben sich im Sandburgenbauen in der Nähe des Strands am See oder bewundern das Wasserspiel an der Plaza. Im Wäldchen des Allerparks in der

Nähe der Themengärten lockt ein Spielplatz, die Luft zu erobern – in den Bäumen kann hier geklettert und gespielt werden.

Hunde

Hunde sind auf dem Gelände nicht erlaubt. Ausgenommen von dieser Regelung sind Begleithunde für behinderte Personen.

Inline-Skates / Skateboards

Auf und um die Skater-Skulptur herum können Inline-Skater und Skateboards genutzt werden. Das Gelände selbst ist nicht für Inline-Skates oder Skateboards geeignet.

Radfahren

Auf dem Gelände der Landesgartenschau ist das Radfahren nicht gestattet.

Wegeleitsystem

Von der Autobahn A39 über die Bundesstraße 188 bis zum Gelände der Landesgartenschau führt das Wegeleitsystem. Innerhalb Wolfsburgs wird das Gelände der Landesgartenschau ebenfalls ausgeschildert.

WAS BIETET WOLFSBURG

Autostadt

Das ist die einzigartige Erlebniswelt. Start ist das Konzern-Forum mit Simulator, Kinos, AutoLab, KinderWelt, Restaurants und Shop. Wichtig: Das ZeitHaus, die MarkenPavillons und das KundenCenter. Hier buchen Sie auch die WerkTour. Über die Öffnungszeiten informiert Sie die Hotline 0800 288 67 82 38

Tipp:

Vom 06.05. bis 31.05.2004 findet im Kraftwerk Wolfsburg/ Autostadt das internationale TanzFestival Movimentos statt. Für die Zeit des TanzFestivals gibt es spezielle Hotelarrangements (Hotelübernachtung, Movimentos, Eintritt Autostadt mit Übersichtsführung). Infos 0800 288 67 82 38

Stadt Wolfsburg

Wolfsburg – von der "Stadt des KdF-Wagens" zum heutigen Wolfsburg. Geprägt von Mobilität, Innovation und Bewegung. Rund 126.000 Einwohner leben in einer der grünsten Städte Deutschlands.

Schloss Wolfsburg

Das Schloss Wolfsburg liegt mitten im Schlosspark umgeben von der Landesgartenschau, bleibt aber für die 171 Tage die autarke Kulturinsel der Stadt. Gartenromantik, Sommerbühne, Werk Statt Schloss, Wolfsburg Open oder Literatur-Preis – das Schloss Wolfsburg bietet zahlreiche Kulturveranstaltungen. Im Schloss selbst sind das Stadtmuseum Schloss Wolfsburg, die Städtische Galerie, der Kunstverein und das Institut Heidersberger beheimatet, die mit der Eintrittskarte zur Landesgartenschau kostenlos besucht werden können.

Kunstmuseum Wolfsburg

Ein lebendiges und dynamisches Zentrum für die Vermittlung moderner und zeitgenössischer Kunst. Die breite Palette des Ausstellungsprogramms umfasst Präsentationen der modernen Klassiker sowie zeitgenössischer international etablierter und junger, innovativer Künstler – ob traditionell oder via neue Medien.

Tipp:

29.05. – 05.09.2004 Olafur Eliasson: Light Works 1991-2004

Der 1967 in Dänemark geborene isländische Künstler setzt sich

in seinen Installationen mit Faktoren der menschlichen Wahrnehmung im technologischen Zeitalter und den Gesetzen der Natur unter der Perspektive ihrer anthropologischen Relativität auseinander.

Planetarium Wolfsburg

Mit einzigartiger Technik wird im Planetarium Wolfsburg ein künstlicher Sternenhimmel projiziert, der den Lauf einer Nacht, einer Jahreszeit oder eines Jahrhunderts simuliert. Vorträge, Veranstaltungen und Events machen das Universum auf universelle Art erlebbar.

Theater Wolfsburg

Das Theater Wolfsburg, 1973 errichtet nach Plänen des berühmten Architekten Hans Scharoun, ist schon als Bauwerk eine Sensation mit seinem weitläufigen Foyer und einem modernen, gediegenen Zuschauerraum (777 Plätze Musiktheater, 833 Plätze Schauspiel).

VfL Wolfsburg

Der Stolz der Stadt: Der VfL behauptet sich nach einem steilen Aufstieg aus der Regionalliga in der ersten Bundesliga. Mit der Eröffnung der neuen Volkswagen Arena hat beim VfL eine neue Ära begonnen. Bekannte Fußballer und Trainer lockte und lockt es nach Wolfsburg: Stefan Effenberg, Jürgen Röber, Andres D'Alessandro, Erik Gerets.

BadeLand

Das BadeLand zählt zu den modernsten und größten Freizeitbädern Deutschlands: Atmosphäre, Sport, Spiel, Spaß, Entspannung. Im 22.000 qm großen Badepalast wird ein attraktives Freizeit- und Erholungsangebot präsentiert, das in Deutschland seines Gleichen sucht. Tageskarte ab 3 Stunden: 7,50 € Normalpreis. Kinder bis 99cm Körpergröße haben freien Eintritt. Für den Besuch der SaunaLandschaft zahlen Erwachsene ab 10,50 € (Badeland inkl.).

CMT Wolfsburg

Neben der Aufgabe, die Entwicklung der City und des Einzelhandels Wolfsburgs zu fördern, ist der CMT die treibende Kraft für den Wolfsburger Tourismus. Hier erhalten Interessierte attraktive Reiseangebote für Wolfsburg und die Umgebung.

Tipp:

Was Wolfsburg noch so zu bieten hat und welche Ausflüge in der Region empfehlenswert sind, erfahren Sie beim City Marketing Tourismus (CMT) unter Fon 05361 218 41 und in der Tourist-Information am Hauptbahnhof (Fon 05361 143 33)

Pläne MSGA Landesgartenschau Wolfsburg 2004
Fotos MSGA Landesgartenschau Wolfsburg 2004 / Birgit Freitag
Fotos Seite 4(o), 14, 15(3x) © Stadt Wolfsburg
Text Silvia Wulf MSGA

Beilage zum Buch WOLFSBURG IN 24 STUNDEN
© L&H Verlag Barnerstraße 14 22765 Hamburg
Fon 040 398 34 290 www.LH-Verlag.de

AN- UND ABFAHRT

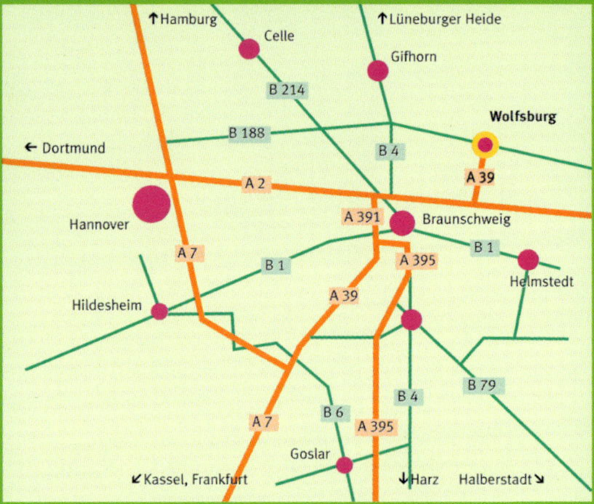

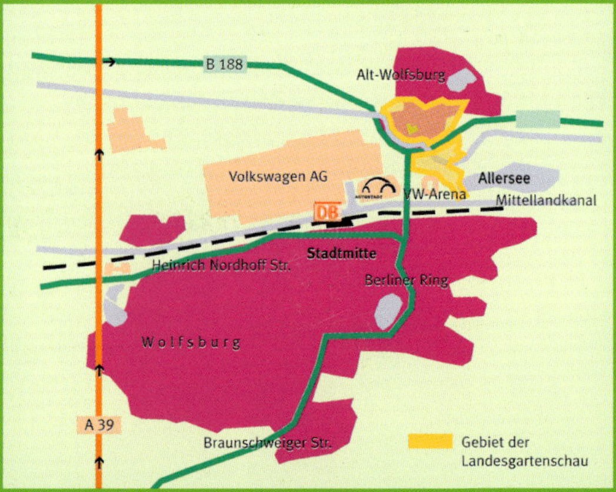

Sie erreichen Wolfsburg über die **Autobahn** A2 Hannover / Berlin bis zum Autobahnkreuz Wolfsburg / Königslutter (A39).

Das Wegeleitsystem führt ab der Autobahn A39 über die Bundesstrasse 188 bis zum Gelände der Landesgartenschau.

Genügend **Parkplätze** liegen unmittelbar vor dem Gelände.

Mit der **Bahn** zur Landesgartenschau Wolfsburg 2004: Wolfsburg ist an das ICE-Netz der Deutschen Bahn AG angeschlossen. Der Hauptbahnhof liegt in relativer Nähe zum Gelände der Landesgartenschau. Das Gelände ist zu Fuß, per Bus oder per Shuttle in wenigen Minuten erreichbar.

KomfortPlus.

Der Multivan. Schwenkbare Leselampen und Luftausströmer über allen Sitzen im Fahrgastraum. Zwei Armlehnen an allen Einzelsitzen. Multifunktionstisch mit schwenkbarer Tischplatte. Becherhalter in Cockpit und Fahrgastraum. Klimaanlage. Sitzbezüge aus Leder oder Leder/Alcantara®. Dekoreinlagen in Wurzelholz. Sonnenrollos.*

*Die Angaben beziehen sich auf das Modell Multivan Highline.

Der Multivan

DANKE

Jochen Sandner hatte die Idee zu diesem Buch für Wolfsburg. Ihm gilt der besondere Dank des L&H Verlages.

Besonderer Dank für die Mithilfe gebührt auch dem Historiker Peter Steckhan aus Braunschweig. Wertvolle Unterstützung gab es ebenso von Dr. Klaus-Jörg Siegfried, Dr. Bettina Greffrath, Monika Kiekenap-Wilhelm, Werner Strauß und Katja Steiner vom Institut für Museen und Stadtgeschichte der Stadt Wolfsburg.

Dank fließt auch an Nicole Froberg vom Forum Architektur/Projekt phaeno der Stadt Wolfsburg, Thomas Kuhn vom Geschäftsbereich Grün der Stadt, Linda Moreschi vom Referat für die Beratung und Betreuung ausländischer Einwohnerinnen und Einwohner sowie an Kathrin Funke vom Stadtmarketing, die auch Wochenendrecherchen nicht scheute.

Autor und Verlag bedanken sich auch bei den vielen Gesprächspartnern für ihre freundlichen Auskünfte.

IMPRESSUM

© L&H Verlag GmbH
Barnerstraße 14 D-22765 Hamburg
Fon 040 398 34 290
Fax 040 398 34 299
kontakt@LH-Verlag.de
www.LH-Verlag.de

KONZEPT Wolfgang Henkel, L&H Verlag
KORDINATION Wolfgang Henkel und Stefan Seufert, L&H Verlag
TEXTE Knut Diers, Hannover
FOTOS siehe Seite 147
REDAKTION Wolfgang Henkel
BASISLAYOUT Wolfgang Henkel, L&H Verlag
GESTALTUNG Stefan Seufert und Wolfgang Henkel, L&H Verlag
KARTOGRAFIE CMT Wolfsburg e.V. und Stadt Wolfsburg, Bearbeitung Medienpool Schossow OHG, Wolfsburg
DRUCK Druckhaus Köthen, Köthen

Bibliografische Information der Deutschen Bibliothek
Die Deutsche Bibliothek verzeichnet diese Publikation in der Deutschen Nationalbibliografie; detaillierte bibliografische Daten sind im Internet über <http://dnb.ddb.de> abrufbar.

ISBN 3-928119-85-0
2004

INHALTSVERZEICHNIS

WILLKOMMEN IN DER KULTUR-, FREIZEIT- UND AUTOSTADT

Sie sind neugierig auf Neues, haben Lust an Entdeckungen? Dann seien Sie herzlich willkommen in Wolfsburg, einer modernen und dynamischen Stadt, die mit einigen spannenden Besonderheiten aufwarten kann.

Erst 1938 – zunächst als „Stadt des KdF-Wagens" gegründet – ist Wolfsburg die jüngste Stadt Deutschlands. Sie ist die einzige Stadt der Welt, die nur für das Automobil geplant und gebaut wurde. So stand am Anfang der Geschichte Wolfsburgs – so der neue Name ab 1945 – der Gedanke an den Volkswagen. Das hat die Stadt viele Jahre geprägt und tut es als Stammsitz eines Weltkonzerns natürlich in positiver Weise immer noch.

Aber Wolfsburg ist mittlerweile sehr viel mehr als eine industrielle Wohnstadt. Wolfsburg hat sich in den letzten Jahren enorm entwickelt und ist mit zahlreichen mutigen und zukunftsweisenden Projekten innovativ und voller Tatendrang ins 21. Jahrhundert gestartet.

Attraktionen dieses Aufbruchs mit internationalem Rang sind ohne Zweifel die Autostadt der Volkswagen AG, die seit ihrer Eröffnung im Juni 2000 für Wolfsburg zum wahren Besuchermagneten geworden ist und das Kunstmuseum als lebendiges Zentrum für moderne und zeitgenössische Kunst.

Ein Aushängeschild für Wolfsburg ist auch seine Architektur der Moderne. Weltberühmte Architekten des 20. Jahrhunderts, allen voran Alvar Aalto, haben hier ihre Spuren hinterlassen. Star der heutigen Architekturszene ist Zaha Hadid, die in Wolfsburg das phaeno – die größte Experimentierlandschaft Deutschlands – entworfen und verwirklicht hat. Ab 2005 wird hier auf spielerische Weise Wissenschaft verständlich und erlebbar gemacht. Oder interessieren Sie sich für die faszinierende Welt der Sterne? Dann sind Sie im einzigen Großplanetarium in Niedersachsen genau richtig. Mit modernster Elektronik, Optik und Mechanik erhalten Sie eindrucksvoll Einblick in das Weltall.

Aber auch Tradition und Geschichte müssen Sie in Wolfsburg nicht missen. Wer sich dafür interessiert, wird im Stadtmuseum im eindrucksvollen Weser-Renaissance-Schloss Wolfsburg von 1302 und im Hoffmann-von-Fallersleben-Museum garantiert fündig.

Darüber hinaus ist Wolfsburg eine grüne Stadt mit unzähligen Grünflächen, kleinen Parks und sogar einem Strand am Allersee. Die zur Landesgartenschau 2004 entstandenen Grünflächen bieten in Verbindung mit dem BadeLand, Deutschlands größter und abwechslungsreichster Bade- und Saunalandschaft, beste Voraussetzungen für Sport und Entspannung. Wenn Sie dagegen Spannung bevorzugen, empfehle ich Ihnen ein Heimspiel unseres Fußball-Bundesligisten VfL Wolfsburg in der Volkswagen Arena, sicher eins der schönsten Stadien der Liga mit 30.000 Plätzen.

Sie werden sehen: Wolfsburg ist in vieler Hinsicht einmalig und überraschend vielfältig. Und vielleicht haben Sie und Ihre Familie am Ende Ihres Besuches festgestellt: 24 Stunden waren leider zu wenig. Kein Problem, kommen Sie wieder und schauen, entdecken, erleben Sie Stadt und Umgebung immer wieder auf's Neue.

Rolf Schnellecke
Oberbürgermeister

ZEITTAFEL

Von der Wolfsburg bis in die Zukunft

1302 Am 17. Juni unterschreiben die vier Brüder Burchard, Günzel, Günther und Werner von Bartensleben eine Urkunde, in der erstmals die Burg Wolfsburg erwähnt wird („acta in Wluesborch").

1372 Die Burg Neuhaus wird urkundlich erwähnt.

1798 Am 2. April wird August Heinrich Hoffmann in Fallersleben geboren. Der Germanist ist als Dichter des Liedes der Deutschen (Nationalhymne) und zahlreicher Kinderlieder bekannt.

1843 Am 29. Juni wird in Nordsteimke Heinrich Büssing geboren. Er gründet 1903 in Braunschweig eine LKW- und Omnibusfabrik.

1938 Die Bauarbeiten an Werk und Stadt beginnen. Am 26. Mai legt Adolf Hitler den Grundstein zum Werk, das den „KdF-Wagen" bauen soll. Am 1. Juli wird die „Stadt des KdF-Wagens bei Fallersleben" gegründet.

1945 Am 25. Mai beschließt die Stadtverordnetenversammlung auf Drängen der amerikanischen Militärregierung, die Stadt nach dem Schloss an der Aller zu nennen: Wolfsburg.

1948 Am 1. Januar übernimmt Heinrich Nordhoff als Generaldirektor die Leitung des Volkswagenwerkes, das in der Zeit

Wolfsburg
Auf dem Merian-Stich aus dem 17. Jh. herrscht noch ländliche Idylle

britischer Besatzung wieder aufgebaut und weitergeführt wird. Mehr noch: Die Briten entscheiden, nun endlich den Volkswagen, den Ferdinand Porsche entworfen hatte, für größere Bevölkerungskreise zu bauen.

1949 Am 8. Oktober wird das VW-Werk an die Bundesregierung und in Verwaltung des Landes Niedersachsen übergeben.

1955 Der millionste Käfer läuft vom Band.

1957 Am 30. März wird die Berliner Brücke über den Mittellandkanal freigegeben. Das Werk beschäftigt 31.500 Mitarbeiter.

1961 Am 28. März kauft die Stadt das Schloss vom Land Niedersachsen zurück.

1965 Die Stadt hat jetzt bereits 84.099 Einwohner, davon 6708 Ausländer.

1969 Im April beginnen Bauarbeiten für das Sport- und Erholungszentrum Allerpark.

1972 Am 1. Juli ist Wolfsburg über Nacht zur Großstadt gewachsen mit 130.979 Einwohnern. 20 Gemeinden werden eingegliedert. Es sind die Städte Fallersleben und Vorsfelde. Jetzt gehören auch die Dörfer Almke, Barnstorf, Brackstedt, Ehmen, Hattorf, Hehlingen, Heiligendorf, Kästorf, Mörse, Neindorf, Neuhaus, Nordsteimke, Reislingen, Sandkamp, Sülfeld, Velstove, Warmenau und Wendschott dazu. Nun ist Wolfsburg 203 Quadratkilometer groß.

1982 Die Stadt erhält einen direkten Autobahnanschluss (A 39) zur A 2 Hannover-Berlin.

1988 Die Fachhochschule wird eröffnet.

1997 Am 11. Juni steigt der VfL Wolfsburg in die erste Fußball-Bundesliga auf.

1998 Wolfsburg wird ICE-Haltepunkt. 72 Minuten dauert die Fahrt nach Berlin.

2000 Die Autostadt wird am 1. Juni eröffnet.

2001 Die City-Galerie öffnet in der Porschestraße.

2002 Am 2. Februar geht das neue Badeland in Betrieb.

17. Juni: Das Schloss Wolfsburg hat 700-Jahr-Feier.

25. Juni: Der Golf überholt den Käfer auf der Erfolgsspur und wird mit 21.517.415 gefertigten Fahrzeugen zum meistgebauten VW-Modell.

2004 Landesgartenschau in Wolfsburg

2005 Das phaeno, ein neues Wolfsburg-Highlight, wird eröffnet

GRÜNDUNG

Die bedeutendste Stadtneugründung des 20. Jahrhunderts

Per Erlass entsteht eine Stadt: Der 1. Juli 1938 gilt als Gründungsdatum für die „Stadt des KdF-Wagens". Der Oberpräsident der Provinz Hannover verfügte die Stadtgründung, nachdem Adolf Hitler angekündigt hatte, an dieser Stelle eine „Lehrstätte der Stadtbaukunst sozialer Siedlungen" zu schaffen und eine „vorbildliche deutsche Arbeiterstadt" zu erbauen. Gedacht war an etwa 90.000 Einwohner. Die „Stadt des KdF-Wagen" trug gleichsam einen „Arbeitstitel" als provisorischen Namen.

Auf den Ländereien des Grafen von der Schulenburg und der Familie von der Wense wurde 1938/39 in der Nähe von Schloss Wolfsburg das Volkswagenwerk errichtet. Parallel zum Werksbau entstand nach Plänen des jungen österreichischen Architekten Peter Koller die Stadtsiedlung. Der für den Stadtbau zuständige „Generalbauinspektor für die Reichshauptstadt", Albert Speer, schätzte den Architekten, der seine Pläne an Gartenstadtkonzepten ausrichtete. Koller sah die Flächen südlich des Kanals für die Wohnsiedlungen vor. Dreigeschossige Häuser mit Mietwohnungen bestimmten die Straßenzüge. Verwirklicht wurden bis 1942 etwa 2400 Wohnungen in den Bereichen „Wellekamp" und „Schillerteich".

Auf dem Klieversberg sollten dagegen repräsentative Partei- und Kulturbauten entstehen. Doch aus der „Stadtkrone" wurde nichts. Bis heute ist hingegen der damals gebaute Stadtteil Steimker Berg zu bewundern. Dort stehen 15 verschiedene Typen von Doppel-, Reihen- und Mehrfamilienhäusern mit Gärten. Die alten Bäume wurden stehen gelassen, so dass weiträumige Grünflächen erhalten blieben. Eine Ringstraße mit kleinen Abzweigen sammelt den Verkehr. Die 480 Wohnungen waren innerhalb von zwei Jahren (1938-1940) fertig. Hier sollten vor allem die Angestellten und das Leitungspersonal woh-

WOLFSBURG
1938 als „Stadt des KdF-Wagens" gegründet

nen. Heute sind die Häuser sehr begehrt. Das Viertel gehört zu den teuersten Immobilienlagen Wolfsburgs.

Im Krieg sind die Wohnbezirke fast unberührt geblieben, während die Fabrikationsflächen im VW-Werk 1945 zu etwa einem Fünftel zerstört wurden. Die zunächst hier stationierten amerikanischen Truppen drängten die erste Stadtverordnetenversammlung, ihrer Stadt einen neuen Namen zu geben. Der Name des Schlosses lag nahe. Deshalb beschlossen die Stadtverordneten am 25. Mai 1945, ihre Stadt nach der mächtigen Wolfsburg zu benennen.

Die Stadt beiderseits des Aller-Urstromtals trägt seitdem diesen international bekannten Namen. Die „bedeutendste Stadtneugründung des 20. Jahrhunderts in Mitteleuropa" (Westermanns Lexikon der Geografie) begann ihren Weg in die Zukunft.

WOLFSBURG IN 24 STUNDEN

9.00 Uhr Sie sind gut angereist? Vermutlich mit dem Auto oder dem Zug, denn dann sollten Sie Ihre persönlichen 24 Stunden in Wolfsburg mit einem grandiosen Frühstück im Restaurant Lagune (auch zum verträglichen Preis) beginnen: Zu erreichen über den Haupteingang der Autostadt. Parkplatz direkt nebenan oder wenn Sie zu Fuß kommen, einfach über die Stadtbrücke.

Vor dem Frühstück buchen Sie die Erlebnisführung (zwei Stunden) oder die Übersichtsführung (45 Minuten). Vorschlag: Übersichtsführung und anschließend Werk-Tour (eine Stunde).

10.00 Uhr Wir tauchen ein in die Erlebniswelt aus Autotürmen, Auslieferungszentrum und den sieben Pavillons. Alles auf 25 Hektar und einem Park mit künstlichen Hügeln, Seen und Promenaden. Und absolvieren unsere beiden vorher gebuchten Touren mit viel Begeisterung.

14.00 Uhr Über die Stadtbrücke gehen wir einmal ins Stadtzentrum nach Wolfsburg, in die Porschestraße, am phaeno vorbei, hoch zum Kunstmuseum und gönnen uns in der Zaha Hadid Lounge einen Latte machiatto oder im Bistro Walino einen kunstvoll aufgetischten Salat. Architekturfreunde werfen noch einen Blick in und auf das architektonische Juwel schräg gegenüber: das Theater.

16.00 Uhr Wolfsburg von seiner geschichtlichen Seite steht nun auf unserem Plan: Schloss Wolfsburg mit seinen Museen und Initiativen. Auch die Umgebung des Schlosses ist sehenswert: Park, Barockgarten, Posthalterei, Zollstation.

18.00 Uhr Wir gehen nur über die Straße und schlendern durch die Erlebniswelt, den Allerpark, nutzen vielleicht das Badeland mit seiner Saunalandschaft oder lassen ganz einfach den Tag ausklingen am Allersee, Yachthafen oder am Mittellandkanal.

20.00 Uhr Abendessen bei einem der vielen „Italiener" in Wolfsburg, in der Brackstedter Mühle (regional-anspruchsvolle Küche unter alten Hozbalken), im Alten Wolf am Schloss, im Parkhotel (unter Denkmalschutz, viel Park drumherum), in den Autostadt-Restaurants, im La Fontaine im Hotel Ludwig im Park oder – wenn Sie sich etwas Außergewöhnliches gönnen wollen: Aqua im Ritz-Carlton (Autostadt).

So oder so – Ihren abendlichen Absacker sollten Sie im Promi-Treff (Zigarren-Lounge) von Wolfsburg, der Bar des Ritz-Carlton nehmen.

8.59 Uhr Leider sind die 24 Stunden Wolfsburg um. Zeit wiederzukommen oder einen Tag dranzuhängen? Um dann intensiver in die Erlebniswelt/Allerpark einzutauchen, das phaeno (Fertigstellung 2005) oder eine der anspruchsvollen Ausstellungen im Kunstmuseum zu besuchen? Eine Architekturführung mitzumachen, nach Vorsfelde zu fahren oder einen der reizvollen Ausflüge in die Umgebung zu machen.

Wir sind sicher, Wolfsburg hat mehr geboten als das, was Sie sich davon versprochen haben. Wolfsburger Tristesse? Nein, werden Sie sagen: Auto, Kunst und Kultur, Architektur und ein wenig Geschichte und viel Freizeit. Die lebendige Stadt Wolfsburg freut sich schon auf Ihren nächsten Besuch .

L&H Verlag

ZENTRALE INFORMATIONEN

Tourist-Information Willy-Brandt-Platz 5 (direkt am Bahnhof), Fon 05361 143 33 und 124 66, www.wolfsburg-tourismus.de

www.wolfsburg.de

Deutsche Bahn Reiseservice, Fon 11861, gebührenpflichtig Fahrplanauskunft, Fon 0800 150 70 90, kostenfrei

Autostadt Stadtbrücke, 38440 Wolfsburg, Fon 0800 288 67 82, service@autostadt.de, www.autostadt.de

SCHMUCKSTÜCK MIT VIEL GESCHICHTE UND NATUR: RUND UM DAS SCHLOSS

SCHLOSS WOLFSBURG UND SEINE GESCHICHTE

Das Renaissance-Schloss ist der wichtigste Kulturbau der Stadt. Nach ihm ist Wolfsburg benannt worden – allerdings erst am 25. Mai 1945. Gebäude und Gutssiedlung bilden zusammen die Urzelle der Stadt. Im Stadtmuseum im langen Fachwerkbau des Stall- und Wirtschaftsflügels westlich des Schlosses hängt eine Fotografie der berühmtesten Tierhaut der Stadt: Auf dieser Pergamenturkunde wird in gotischen Minuskeln in lateinischer Sprache erstmals das Schloss „Wluesborch" erwähnt. Am 17. Juni 1302 lassen die vier Brüder Burchard, Günzel, Günther und Werner von Bartensleben das Dokument ausstellen. Das Original existiert noch im landeskirchlichen Archiv in Hannover. Das allein ist schon eine Überraschung, denn das gute Stück galt jahrzehntelang als verbrannt. Erst der Historiker Peter Steckhan spürte es auf, als er seine Magisterarbeit über das Schloss schrieb.

Der Anlass für die Ausstellung der Urkunde erscheint uns heute eher nebensächlich: Die vier Brüder aus dem Adelsgeschlecht zahlen der Kirche, der Geistlichkeit und dem Glöckner von Heiligendorf eine Entschädigung in Landhufen. Der Glöckner (außergewöhnlich, ihn überhaupt zu bedenken) erhält wiederum zwei Schilling von der Kirche und einen vom Pfarrer von Groß Heiligendorf. Diese Entschädigungsleistungen waren notwendig geworden, weil der Weg zum Gottesdienst nach Heiligendorf den Bauern aus Groß und Klein Hehlingen zu weit (sieben Kilometer Luftlinie) und zu gefahrvoll geworden war. Beide Orte wurden aus dem Pfarrbezirk Heiligendorf herausgelöst und zur eigenen Pfarrei erhoben.

Die Herren von Bartensleben konnten so ihre im Aufbau befindliche Herrschaft um die Wolfsburg festigen. Die Aussteller beklagen in der Urkunde die Unbeständigkeit der menschlichen Erinnerung, deshalb war es ihnen lieber, den Vorgang auf dieser Tierhaut festzuhalten. Die Pfarrbezirke (Groß) Hehlingen und Heiligendorf gibt es übrigens noch heute – die Orte liegen im Stadtgebiet von Wolfsburg.

Schloss Wolfsburg
Der wichtigste Kulturbau und Namenspatron der Stadt

Der Braunschweiger Herzog Heinrich der Wunderliche (1279-1322) konnte die Region beiderseits der Aller später nicht mehr halten. Die Familie von Bartensleben kam aus der Altmark (heute Sachsen-Anhalt) und verwaltete Rechte des Erzbischofs Burkhard von Magdeburg (Amtszeit 1295-1305). Von der Wolfsburg aus regierten die Bartenslebens und kontrollierten den Allerübergang: Eine Art Fernstraße, die hier vorbei bis an Nord- und Ostsee führte.

Der Bergfried

Zum Baubestand der ersten Burg gehörte auch ein Wehrturm: Der Bergfried im nördlichen Bereich des Westflügels. Auf einer fast quadratischen Grundfläche von etwa neun Metern ragt der 23 Meter hohe Turm auf. Dies ist der einzige Teil des Schlosses, der noch von jener Zeit erhalten ist.

Wer nun das Schloss durch den Torweg betritt (von Norden her), sieht zunächst den Innenhof. Im Westflügel (rechts) befindet sich der fast fensterlose Bergfried. Seine Wände sind 2,5 Meter dick und bestehen aus Bruchsteinen, an den Ecken aus Steinquadern. Mit jedem Stockwerk nach oben wird der Turm breiter. Es gab lediglich ein Schlupfloch in halber Höhe des Gemäuers, und das war von außen auch nur über eine hölzerne Treppenanlage zu erreichen. Südlich des Turms schloss sich wahrscheinlich das „Alte Haus" an, das jedoch vor dem Dreißigjährigen Krieg in einen Renaissancebau umgestaltet wurde. Im heutigen Südteil gab es die Burgkapelle. Heute ist der Bergfried in den Westflügel integriert.

Umbau im Renaissancestil

Der Westflügel wurde im 17. Jahrhundert neu gebaut, nachdem die übrigen drei Flügel schon in repräsentativer Weise

Schloss Wolfsburg
Mit Stadtmuseum, Städtischer Galerie, Kunstverein u.a.

erneuert worden waren. Das geschah von etwa 1574/75 bis 1610 im Stil der Renaissance. Ein modernes Schloss war so geschaffen worden.

„Hans der Reiche" legte den Grundstein für den Fürstensitz, wie er heute aussieht. Das „Rote Haus" auf der Nordseite, seit 1550 baufällig, lässt er abreißen und durch den Nordflügel ersetzen.

Der Ostflügel, das „lange Gebäude", wird 1595 fertiggestellt. Darin sind Repräsentationsräume eingerichtet. Hier werden Empfänge gegeben, hier stehen historische Möbel aus dem Familienbesitz. Im großen Gartensaal fahren die Kinder später, im 20. Jahrhundert, bei schlechtem Wetter auch gern Roller. Das Kreuzgradgewölbe ist noch heute erhalten. In der Gerichtslaube am Nordende des Ostflügels saßen damals die Schlossherren zu Gericht. Sie durften leichtere Verbrechen ahnden. Auch hatten sie teilweise sogar die Hochgerichtsbarkeit. Heute wird die Gerichtslaube mit dem schönen Sterngradgewölbe für Trauungen genutzt.

Im Südflügel (heute Städtische Galerie) wohnten Ritter. Es entsteht das Ritterhaus. Zwischen dem veränderten Nordflügel (rotes Gebäude mit Tor) und dem Ostflügel wird im Binnenwinkel der Hausmannsturm mit einer Wendeltreppe gebaut. Durch ihn sind die beiden Gebäudetrakte nun gut zu erreichen. Fensterreihen lassen Licht hinein. Eine welsche Haube krönt den höchsten Turm. Er erhielt den Namen „Hausmann", weil darin der Wächter (ein anderer Name für Hausmann) seiner Aufgabe nachkam.

Das Schloss war nicht nur wohnlich, es geriet zum vorzeigbaren Schmuckstück. Ein Beispiel sind die „Welschen Giebel", gekrönt durch schmale Obelisken, mit Kugeln besetzte Zieraufsätze – alles Elemente der Weserrenaissance.

Den Dreißigjährigen Krieg (1618-1648) übersteht das Schloss nicht unbeschadet. 1647 verlassen schwedische Truppen das von ihnen besetzte Haus.

Eine Gräfin regiert

Einen schweren Einschnitt in der Schlossgeschichte gibt es am 6. Januar 1742. In den kalten Wintertagen stirbt Gebhardt Werner von Bartensleben. Es ist der letzte Abkömmling des Geschlechts, das über zwölf Generationen in männlicher Erbfolge das Schloss bewohnte. Seine Tochter Anna Adelheit Catharina von Bartensleben (1699-1756) führt bis zu ihrem Tod die Herrschaft auf Schloss Wolfsburg weiter. Es ist die einzige Frau in dieser Position in der gesamten Schlossgeschichte. Dann übernimmt ihr ältester Sohn Gebhard Werner von der Schulenburg (1722-1788) die Geschicke. Adelheit Catharina hatte den Reichsgrafen Adolph Friedrich von der Schulenburg-Beetzendorf geheiratet, der 1741 starb. Hier existiert ein Grab-Epitaph in der nahen St. Marien-Kirche, den Sie sich ansehen sollten. Unter dem Turm sind die Sarkophage von Mitgliedern der Familien von Bartensleben und von der Schulenburg zu sehen.

Stammburg der nun herrschenden Familie auf Schloss Wolfsburg war die Schulenburg bei Stappenbeck in der Altmark, wenige Kilometer südöstlich von Salzwedel. Adolph Friedrich und seine Nachkommen wurden für sechs Generationen Herrscher auf Wolfsburg. Vier Feldmarschälle, 25 Generäle, drei Heermeister, sechs Staatsminister und vier Bischöfe gingen aus der Linie hervor. Graf Friedrich-Werner von der Schulenburg-Falkenberg (1902-1944) war Botschafter Deutschlands in Moskau und versuchte als Mitglied des Widerstandes gegen

Schloss Wolfsburg
Bis 1942 Sitz der Familie von der Schulenburg

Hitler, den Überfall auf die Sowjetunion zu verhindern. Er wurde trotz großer Bemühungen der Familie, ihn zu retten, hingerichtet.

Friedrich der Grosse als Freund

König Friedrich Wilhelm I. von Preußen, der Soldatenkönig (1688-1740), schätzte Adolph Friedrich von der Schulenburg Zeit seines Lebens als engen Berater, Diplomaten und Feldherrn. Der König hatte häufig Probleme mit seinem Kronprinzen Friedrich (1712-1786), später auch Friedrich der Große genannt. So betraute Friedrich Wilhelm seinen Freund Adolph Friedrich mit der Obhut des 19-jährigen Sohns, als dieser in Arrest in Küstrin saß. Der Vater hatte ihn verhaften lassen, weil er vor ihm und seiner militärisch-tyrannischen Erziehung geflohen war.

200 Briefe sind heute noch vorhanden, die Friedrich der Große mit den Schulenburgs wechselte. So hat der Historiker Peter Steckhan das schöne Zitat gefunden, in dem Friedrich der Große, als er auf dem Klieversberg mit seinen Pferden hielt (etwa dort, wo heute die Porschehütte steht) und nach Norden zum Schloss und in die Ebene hinabsah, sagte: „Wenn dieser Landstrich bei Berlin läge, würde ich mir hier sofort ein Schloss bauen."

Reichskanzlerpalais in Berlin

König Friedrich Wilhelm I. war der Familie von der Schulenburg so zugetan, dass er ihr eine Stadtresidenz in Berlin bauen ließ. Dabei handelte es sich um ein Haus, in dem später deutsche Geschichte gemacht wurde: das spätere Reichskanzlerpalais in der Wilhelmstraße 77 in der Nähe des Brandenburger Tores. Otto von Bismarck ging hier ein und aus, später dann Adolf Hitler. 1949 wurde das Haus – im Krieg stark beschädigt – abgerissen.

Doch zum Schloss Wolfsburg gehörte auch ein Rittergut, denn bis ins 20. Jahrhundert war die Herrschaft der Adelsfamilie an diesem Ort geprägt von Landbesitz und Landwirtschaft. 1928 hatte das Rittergut 524 Hektar zu bewirtschaften. Dafür standen 15 Pferdegespanne bereit. Die Gutssiedlung Alt-Wolfsburg war recht lebhaft. Einige Anlagen mit Reiterhof und Nebengebäuden sind noch heute zu finden.

Schulenburgs in Nordsteimke

Als die Autowerk- und Stadtplaner aus der Reichshauptstadt 1937 das Gebiet nördlich des Mittellandkanals für das größte europäische Werk zur Kraftfahrzeugproduktion ausersehen hatten, wurde es für die Familie von der Schulenburg eng. 80 Prozent der Fläche, die für das Werk und die Stadt vorgesehen war, gehörte zu ihrer Landwirtschaft. Auf enormen Druck hin verkaufte der Graf die Flächen und das Schloss für zehn Millionen Reichsmark. Bis Ende 1941 sollte eine Lösung für das Schloss gefunden werden, für das sich die „KdF-Wagen"-Bauer nicht interessierten. Bis November 1942 wohnten die von der Schulenburgs im Schloss, dann zogen sie aus, und zwar nach Tangeln/Neumühle in der Altmark. Dort ließ Graf Günther von der Schulenburg mit den Ausgleichszahlungen die „Neue Wolfsburg" bauen. Das Geld reichte, auch noch die Güter Remplin in Mecklenburg und Golzow im Oderbruch zu kaufen. Doch die wurden nach dem Krieg enteignet. Und Tangeln/Neumühle erwies sich auch als Fehlgriff, denn schon 1945 mussten die Adeligen vor den Sowjets fliehen. Sie gelangten ins Rittergut Nordsteimke bei Wolfsburg, wo die Familie heute noch Landwirtschaft betreibt.

Doch das Schloss Wolfsburg wechselte noch öfter den Besitzer: Am 19. März 1943 kaufte die im Entstehen begriffene „Stadt des KdF-Wagens bei Fallersleben" das Schloss. Um den Aufbau der mittlerweile Wolfsburg genannten Stadt nicht zu verzögern, erwarb das Land Niedersachsen gegen Kreditzusicherungen 1947 das Schloss. Dann endlich, am 28. März 1961, kam das Wolfsburger Schloss wieder in die Hände der Stadt zurück. Künstler zogen ein. Seit 1974 befindet sich im Süd- und Westflügel die Städtische Galerie Wolfsburg. Die sollten Sie sich ansehen, wenn Sie Moderne Kunst mögen, sonst wartet der Schlosspark.

Tipp

Im historischen Fachwerkhaus in Alt-Wolfsburg nahe der St. Marien-Kirche können Sie Vergangenheit schnuppern und gut speisen: Restaurant Alter Wolf, Schlossstr. 21, Fon 05361 86560, www.alter-wolf.de

MUSEEN IM SCHLOSS

Stadtmuseum Schloss Wolfsburg

„Geschichte quicklebendig" lautet das Motto des Stadtmuseums, das Sie im langen Fachwerkbau des Stall- und Wirtschaftsflügels westlich des Schlosses finden. Hörstationen und Zeitzeugenberichte, interaktive Medien – das alles ermöglicht Ihnen, sich ganz individuell mit der Geschichte der Stadt zu beschäftigen. Es lohnt sich. Drei Schwerpunkte: Geschichte der Region, junge Stadt (1938-heute) und Dokumentation über Opfer nationalsozialistischer Gewaltherrschaft. Letztere informiert über das Leben der Zwangsarbeiter und KZ-Häftlinge in der Kriegsproduktion von VW.

Hier sehen Sie auch einmalige Originalexponate aus den verschiedenen Epochen: Ein Museum mit hohem Erlebniswert. Auch die benachbarte Geschichtswerkstatt zieht viele Besucher an. Weitere Höhepunkte sind ein Frisiersalon im Stil der fünfziger Jahre, die Musikbox einer Milchbar der Stadt oder ein Tanzstundenkleid. Graf Günzel von der Schulenburg, Jahrgang 1934, hat noch seinen Wipp-Roller beigesteuert, den er als Sechsjähriger durch das Schloss und die Umgebung lenkte.

Beachten Sie den präparierten Wolf. Der 1824 erlegte „Wolfsburger Wolf" hat sich leider nicht erhalten. Er hatte lange Zeit im Gartensaal des Schlosses gestanden. Das ausgestellte Exemplar ist jüngeren Datums. Der Wolf im Wappen der Stadt geht auf die Familie von Bartensleben zurück. Das älteste Wachssiegel, das sich auf einer Urkunde des Klosters Marienborn erhalten hat, zeigt schon 1274 den Wolf. Auf dem ältesten farbigen Wolfswappen der Adelsfamilie Bartensleben ist das Tier in silber auf rotem Grund zu sehen.

Städtische Galerie

Die Städtische Galerie Wolfsburg ist ein Museum für zeitgenössische Kunst. Seit 1961 wird die Sammlung durch jährliche Ankäufe zusammengetragen. Schwerpunkt: Kunst aus dem deutschsprachigen Raum nach 1945 sowie internationale Druckgrafiken. So sind zum Beispiel die Äußerungen der Gruppe ZERO mit frühen wegweisenden Arbeiten von Günther Uecker, Heinz Mack und Otto Piene in der Sammlung belegt. Es gibt Werke von Timm Ulrichs oder Anne Katrine Dolven. Ein wichtiger Akzent der Sammlung liegt auf der informellen Kunst.

Ansehen: Die von Wolfgang Winter und Berthold Hörbelt für den Westflügel geschaffene Arbeit „Theke" zeigt gebogenes Glas, das den Raum reflektiert – es soll an eine Wunder- oder Kunstkammer erinnern.

Kunstverein

Über den alles überragenden Hausmannsturm ist der Kunstverein zu erreichen. Die Ausstellungen zeigen nicht nur Bilder, sondern auch Videoinstallationen oder experimentelle Kunst. Der bereits 1959 gegründete Verein hat sich zu einer international ausgerichteten Institution entwickelt. Zeitgenössische Künstler aus Europa, den USA und Asien werden präsentiert.

Institut Heidersberger

Ein Fotograf von Weltrang lebt in Wolfsburg. Seit er 1961 hierher zog, hatte er sein Atelier im Schloss, das damals schon Künstler aufnahm. Heinrich Heidersberger, geboren 1906 in Ingolstadt, hat aus seinem Schaffen etwa 75.000 Negative und Zigtausende von Fotoabzügen hinterlassen. Das Institut Heidersberger arbeitet den Schatz auf und zeigt immer wieder Ausstellungen. Seine Bilder wurden schon in San Francisco, New York, London und Paris gezeigt. Seit 2003 ist Heidersberger sogar Ehrenbürger von Wolfsburg – und das wird man wahrlich sehr selten.

Einige seiner eindrucksvollsten Bilder sind ständig im Hotel Ritz-Carlton an der Autostadt zu sehen. Wolfsburg-Bilder von ihm kann man auch in dem kleinen Band „Architektur in Wolfsburg" von Cornelia Thömmes finden.

Heinrich Heidersberger ist ein Klassiker der Moderne und hat mit seinen Schwarzweißfotos Geschichte geschrieben. Weltbekannt wurde er durch Fotos, die mithilfe (selbst entwickelter) technischer Apparaturen entstanden: die Rhythmogramme, grafisch eindrucksvolle Schwingungsmuster. Der Fotograf war auch aktiver Fotoreporter. Henri Nannen vom „stern" beauftragte ihn zum Beispiel, die Flucht eines Zirkus festzuhalten. Heidersberger fotografierte auch Touristen in den fünfziger Jahren auf einer Schiffsreise von New York nach Kuba und verkaufte die Bilder dann für einen Dollar an die Reisenden. Das Ergebnis lässt sich sehen: Ausstellung „Touristische Blicke".

Es lohnt, sich mit Heidersbergers Werk näher zu befassen, um die Komplexität zu erkennen. Seine Bilder sind Kunstwerke und werden auch entsprechend gehandelt. Nach Voranmeldung ist das Atelier, in dem sich heute das Institut befindet, zu besuchen. Ein Förderverein hat sich gegründet, der den Erhalt seines Lebenswerkes sichern hilft.

Kulturelle Veranstaltungen

Das Schloss ist ein Repräsentationsbau. Hier gibt die Stadt ihre Empfänge, wie etwa am 1. Juli in jedem Jahr zum Stadtgründungstag. Das Stadtoberhaupt trägt seine Amtskette und ehrt Bürger für die Verdienste. Der Gartensaal im Erdgeschoss des Ostflügels steht dazu offen.

Die Internationale Sommerbühne am Schloss ist ein fester Bestandteil des Kulturprogramms der Stadt. Tanz, Theater, Musik und Comedy werden geboten. Klassik trifft auf moderne Musik, Tanz auf Akrobatik. Clowns, Jazzspieler, Kinderspiele – für jeden ist etwas dabei. Das städtische Kulturbüro gibt Auskunft, ebenso zu Veranstaltungen mit literarischer Spurensuche. Am Feuer des Kaminzimmers gibt es Leseabende.

Info

Stadtmuseum Schloss Wolfsburg, Schlossremise, Schlossstraße 8, Fon 05361 82 85 40 und –42, stadtmuseum@stadt.wolfsburg.de, www.wolfsburg.de. Führungen nach Anmeldung

Städtische Galerie Wolfsburg, Schloss Wolfsburg, Schlossstraße 8, Fon 05361 82 85-12, -15, -17, staedtische.galerie@stadt.wolfsburg.de, www.staedtische-galerie-wolfsburg.de

Kunstverein Wolfsburg, im Schloss, Fon 05361 67422, kunstverein@wolfsburg.de, www.kunstverein-wolfsburg.de. Zur Kunstszene gibt auch das Kulturbüro Auskunft (s.u.)

Heidersberger, Institut für moderne und zeitgenössische Fotografie, Schloss Wolfsburg, 38448 Wolfsburg, Fon 05361 655913, rodrian@heidersberger.de, www.heidersberger.de

Förderverein Atelier Heinrich Heidersberger e.V., Schlossstr. 8, 38448 Wolfsburg, Fax 05361 655914

Städtisches Kulturbüro, Kleiststr. 37, 38440 Wolfsburg, Fon 05361 8912850, kulturbuero@stadt.wolfsburg.de, www.wolfsburg.de

Schloss Wolfsburg
Kleiner Lustgarten mit dem Teehaus im ältesten Teil des Gartens

SCHLOSSPARK

Das Schloss ist umgeben von Garten- und Parkanlagen. Im Norden befindet sich der „Barockgarten". Daneben gehen Sie durch den Skulpturengarten, in dem Künstler als Dank, im Schloss eine Zeit lang wohnen zu dürfen, ein Kunstwerk hinterließen.

Der eigentliche Schlosspark im Stil eines klassischen Landschaftsgartens aus der Mitte des 19. Jahrhunderts schließt sich östlich ans Schloss an und ist von dort aus über eine Brücke zu erreichen. Südlich vom Schloss liegen die Bleichwiesen. Dort wurde früher die Wäsche getrocknet – oder an der Sonne gebleicht.

BAROCKGARTEN

Der kleine Lustgarten nördlich der Schlossstraße ist der älteste Gartenbereich des Schlosses. Er wird in ersten Quellen aus der Wende zum 18. Jahrhundert erwähnt. Es handelt sich um eine regelmäßige, geometrische Anlage, die sicher ursprünglich als Kräuter- oder Blumengarten genutzt wurde. Eine frühe Darstellung aus dem 18. Jahrhundert zeigt noch eine quadratische Vierteilung der Fläche. Dem Zeitgeschmack entsprechend wurden auch die Gartenanlagen gestaltet: Repräsentation war wichtig.

Nach einem Stich des Jahres 1758 ist der Garten im barocken Stil geändert worden: Zwei langgezogene Parterrebeete säumen axialsymmetrisch eine zentrale Wegeachse, die auf ein kleines Gartengebäude führt.

Schauen Sie sich dieses Teehaus von 1912 genauer an. Ein kleines Haus, das zuvor dort stand, war 1910 im Sturm zerstört worden. Das Heckentheater aus dem 20. Jahrhundert sowie die freistehende, große Vase von 1924 sind sehenswert. 1916 wurde der architektonische Heckengarten neu angelegt. Sein heutiges Bild erhält der „Barockgarten" 1967 durch Gartendirektor Christian Bauer in Anlehnung an die Formsprache barocker Parterrebeete.

Schloss Wolfsburg
Vom Ostflügel des Schlosses führt eine Brücke in den Park

Landschaftspark

Die Freitreppe am Ostflügel des Schlosses führt zum großen Schlosspark. Auf der Treppe geben sich Brautleute gern den ersten Kuss nach der Hochzeit in der Gerichtslaube (Hochzeitsstube) im Ostflügel. Damit auf der Treppe niemand ausgleitet, hat die Stadt gleich ein Warnschild anschrauben lassen: „Wegen Unfallgefahr ist das Werfen von Reis nicht gestattet. Der Oberbürgermeister."

Über eine kleine Brücke über den Schlossgraben (ein Altarm der Aller) führt der Weg nun in eine großräumige Parklandschaft. Vor dem Besucher öffnet sich ein mit interessanten Baum- und Strauchpflanzungen gestalteter Landschaftsraum. Der klassische Landschaftsgarten ist gekennzeichnet durch großteilige Landschaftsräume, Raumfolgen und Sichtbeziehungen, die dem Spaziergänger immer wieder neue Eindrücke ermöglichen. Dazu zählen auch die Blickbeziehungen in die nähere Umgebung der Anlage, etwa heute zur Volkswagen Arena.

Aus der Tiefe des Parks heraus betrachtet erhält das ehrwürdige Schloss einen grünen Rahmen. Ursprüngliche Strukturen, Wegeführungen, Baum- und Gehölzstandorte des Parks sind bis heute erhalten geblieben und geben ein typisches Bild von der Gartenkunst in der Mitte des 19. Jahrhunderts. Deshalb wurde der Wolfsburger Schlosspark auch als Baudenkmal bewertet und in das Denkmalverzeichnis der Stadt aufgenommen.

Einige der Bäume sind etwa 200 Jahre alt und von Familie von der Schulenburg von vielen Reisen rund um die Welt mitgebracht worden. Der Amberbaum aus dem Südosten Nordamerikas ist ebenso zu bewundern wie der Trompetenbaum. Urwelt-Mammutbäume, die in China beheimatet sind, stehen im Park. Esskastanie, Ginkgo und Tulpenbaum sind neben vielen seltenen Pflanzen zu sehen. Beachten Sie im Park das nette Borkenhäuschen!

Die Entstehung des Schlossparks reicht schon bis in das erste Viertel des 18. Jahrhunderts zurück. Vermutlich schon aus diesem Jahrhundert stammen die Rosskastanien an der „Schwedenschanze“ seitlich des Schlosses, unweit des Cafés.

Schloss Wolfsburg
Bis zu 200 Jahre alte Bäume geben dem Schlosspark Charakter

Auf einem Kupferstich von 1758 ist der Bleichgarten genannt, westlich davon sowie nördlich des Barockgartens stehen „italienische Pappeln". Dann sind schon Entwässerungsgräben eingezeichnet, denn die Gegend ist feucht wegen der Aller. Das bleibt auch lange Zeit ein Problem. 1826 wird die Allerniederung entwässert. Der Schlosspark wächst von 1830 bis 1840 und wird mit Exoten wie Sumpfzypresse und dem immergrünen Mammutbaum bereichert.

Die inneren Gräben ums Schloss waren schon 1807 zugeschüttet worden. Nun werden auch die äußeren verfüllt. Die Aller wird reguliert. Gegenüber vom Gasthaus „Alter Wolf" entsteht ein Cafégarten mit Tanzfläche im Park.

In der Zeit vor dem Zweiten Weltkrieg kommen weitere Funktionen hinzu: Es wird ein Schwimmbad gebaut sowie auch eine Pferdetrainingsbahn. All das ist heute längst wieder verschwunden. Nach dem Krieg diente der Park schlicht als Weideland.

Für jedermann offen wurde der Schlosspark 1960, als die Stadt ihn übernahm. 1961 kaufte sie das Schloss. „Wir nahmen uns Decken und breiteten sie im Park aus, um uns draufzulegen und zu sonnen", erinnern sich Zeitzeugen. Andere spotteten wegen der immer noch spürbaren Bodenfeuchte: „Da wurden bestimmt die Hosen nass." Heute bietet der Park allen Besuchern einen herrlichen Anblick, weite Fluchten, schöne Bäume und genügend Auslauf – auf weitgehend trockenem Boden.

Info

Aus Anlass der Landesgartenschau 2004 wurde der Bereich „Rund um das Schloss" grundlegend als Oase der Naherholung auf 26 ha durch zahlreiche Neuanpflanzungen erweitert: mit den Hallenschauen in der Brauscheune, dem grünen Klassenzimmer im Schlosspark und offenen Sumpfgärten, sinnes- und Duftgärten sowie Gräser-im-Wind-Gärten und einer Muster-Friedhofsanlage in diesem zentralen Bereich der Landesgartenschau.

Bitte geben Sie diese Karte Ihrem Buchhändler. Er hat damit alle Daten, so dass er Ihnen die Bücher des L&H Verlages schnell liefern kann.

Oder bestellen Sie direkt beim Verlag. Die Lieferung kommt per Post, zuzüglich Porto und Versandkosten. Bitte zahlen Sie erst nach Erhalt der Rechnung

....
Name / Firma

....
Vorname

....
Straße

....
PLZ/Ort

....
Datum / 1. Unterschrift

....
Telefon

Widerrufsgarantie: Diese Bestellung kann ich innerhalb von 10 Tagen widerrufen. Ich bestätige das mit meiner 2. Unterschrift.

....
Datum / 2. Unterschrift

L&H Verlag
Barnerstraße 14

22765 Hamburg

L&H VERLAG

Gesamtprogramm

Berlin/Potsdam/Brandenburg

Titel	Euro	ISBN 3-928119-
Der Invalidenfriedhof	24,80	83-4
Berlins unbek. Kulturdenkmäler/LDA Berlin	16,00	74-5
Berliner Museumsführer/SMPK und MD Berlin	16,00	62-1
Spurensuche Berlin/LDA	8,90	79-6
Berliner Museen. Deutsch/Englisch	4,90	50-8
Berlin Grün. Die historischen Gärten und Parks der Stadt/LDA Berlin	14,80	51-6
Stadtführer für alle Fälle	7,80	77-X
Berlin in 24 Stunden. Per Bahn & Bus	8,90	80-X
Potsdam Kompakt/Der Kulturführer	16,00	66-4
Potsdam Grün	4,90	64-8
Potsdam in 24 Stunden. Bus-Linie 695	8,90	78-8
Statuen in Potsdam	6,80	07-9
Ein Garten der Erinnerung/Karl Foerster	19,80	65-6
Ferien vom Ach/Karl Foerster	11,80	72-9
Brandenburg Grün. Historische Gärten und Parks	16,80	82-6
Landschaft & Gärten/Kulturland Brandenburg	19,80	88-5
Kulturatlas Brandenburg	14,80	70-2
Die Musen tanzen Hand in Hand	9,80	91-5

Hamburg

Titel	Euro	ISBN 3-928119-
Hamburg Grün. Die Gärten und Parks der Stadt	12,40	39-7
Beatles, Hagenbeck und Schopenhauer	7,80	68-0
Hamburg für Leser	7,80	71-0
Hamburg Kompakt/Hamburger Museumsführer	11,80	69-9
Hamburg von unten	9,80	73-7

Weitere Bundesländer

Titel	Euro	ISBN 3-928119-
Wolfsburg in 24 Stunden	8,90	85-0
Kulturr. Osnabrücker Land, Emsland, Mittelweser	11,80	34-6
Kulturrouten Ostfriesland, Oldenburg	11,80	35-4
Kulturrouten Elbe-Weserdreieck, Bremen	11,80	36-2
Museumsführer Rheinland-Ruhrgebiet	16,00	60-5
Schlösser & Herrenhäuser in Mecklenburg	16,00	90-7
Das Gartenreich Dessau-Wörlitz, 4. Auflage	11,80	89-3
Gärten & Parks in Sachsen	11,80	26-5
Thüringen Grün	14,80	86-9

Überregionale Titel

Titel	Euro	ISBN 3-928119-
Gose, Schwarzes, Kombinate. Biere des Ostens	11,80	84-2
Die letzte Fahrt. Schiffskatastrophen	22,80	87-7
Aphorismen für Führungskräfte	14,80	22-2
Philosophie für Führungskräfte	(empf. Preis 9,80)	27-3
Wedgwood	(empf. Preis 11,80)	28-1

Postkartenbuch Foerster-Garten und Freundschaftsinsel/25 Postkarten
Abgabepreis Euro 1,90/empf. Vk Euro 2,90 Lieferung nur über den Verlag!

ST. MARIEN-KIRCHE

Nur wenige Meter neben dem Wolfsburger Schloss steht die St. Marien-Kirche. Das Gotteshaus geht auf eine 1434 geweihte Kapelle zurück. Sonntag nachmittags können Sie der Orgelmusik lauschen. Das Musikinstrument an sich (1681 gebaut, 1829 umgestaltet, 1964 erneuert) ist schon ein Schmuckstück. Falls geschlossen ist, fragen Sie im benachbarten Pfarramt nach. Es wird Ihnen geöffnet. Pastor Claus-Dieter Walther gibt gerne Auskunft.

In der Zeit von „Hans dem Reichen", Schlossherr aus der Familie von Bartensleben, ließ man die St. Marien-Kapelle abreißen und an ihrer Stelle 1580 die St. Marien-Kirche bauen. Der Schlossherr selbst trat zum Protestantismus über und richtete eine Armenstiftung ein. Die Kirche war nun endlich groß genug für die steigende Zahl an Besuchern.

Beachten Sie das Holzkruzifix mit Echthaarperücke rechts. Gegenüber an der Nordwand können Sie einen großen Epitaph betrachten. Epitaphe sind Denkmale oder Schrifttafeln, die an Tote erinnern. Dieser Epitaph stammt aus der Zeit des Rokoko (zwischen 1742 und 1752 errichtet). Oben finden Sie zwei kleine Porträtgemälde. Sie zeigen Gebhard Werner von Bartensleben und seine Frau Anna Elisabeth von Bodenhausen.

Statten Sie auch einigen Ahnen einen Besuch ab. Unter dem Turm stehen im Gruftgewölbe 27 Sarkophage. Durch eine Glasscheibe sehen Sie die verzierten Särge. Von 1670 bis 1832 wurde hier bestattet. Erst 1984 sorgte Graf Günzel von der Schulenburg für die Öffnung der Patronatsgruft seiner Ahnen. Eine andere Rarität befindet sich oben in einem Raum neben der Orgel: der etwa 1,5 mal 3 Meter große Blasebalg. Er musste zum Orgelspiel ständig bewegt werden – eine schweißtreibende Arbeit.

Einen Blick sollten Sie noch in die Marienkapelle unter der Orgel werfen. Sie war einst Sakristei. Ein Taufstein aus rotem Marmor, die Abendmahlsdarstellung aus Oberammergau oder

der Taufstein aus der Hochrenaissance, der im 19. Jahrhundert von der Hesslinger Kirche St. Annen hierher kam, gehören zur bemerkenswerten Ausstattung der St. Marien-Kirche. Interessant auch: Hier fand Hoffmann von Fallersleben Unterschlupf, als er 1848 politisch verfolgt wurde.

Info

St. Marien-Kirchengemeinde, Schlossstr. 15, 38448 Wolfsburg, Fon 05361 612 62, Fax 05361 65 50 22. Besuchen Sie neben St. Annen in Alt-Hesslingen auch St. Petrus in Vorsfelde und die Kirche im Wolfsburger Ortsteil Hehlingen. Im Kirchenladen in der Fußgängerzone der Innenstadt, Porschestr. 37 b, Fon 05361 65 50 37, können Sie kleine Kirchenführer erwerben.

MULTIDOME, SPORT UND FANTASIE: ALLERPARK MIT ERLEBNISWELT

ALLERPARK

„Sport und Erholung" macht in Wolfsburg in den kommenden Jahren Schlagzeilen. An Mittellandkanal, Allersee und Volkswagen Arena entsteht ein Erlebnispark, der in Deutschland seinesgleichen sucht. In diesen neuen Allerpark als Teil der „ErlebnisWelt" wurden auch Teile der Fläche der Landesgartenschau Wolfsburg 2004 integriert.

Da ist zunächst der „MultiDome": Eine zentrale Plaza an der nordöstlichen Ecke der Arena umfasst dieses Trend- und Extremsportzentrum. Hier werden moderne Kletter- und andere Sportarten praktiziert, wie etwa Bungee-Jumping. „BodyXperience" heißt die neue Kletterwelt zwischen den Stützpfeilern der 275 Meter langen Skipiste. Auf der können Sie das ganze Jahr lang mit Skiern oder Snowboard fahren. Es gibt künstliche Eishöhlen, aber genauso können Sie Bowling spielen.

ALLERPARK
So ist der Plan: direkt am Mittellandkanal entsteht die Erlebniswelt

ALLERPARK
Das BadeLand ist eine Riesenattraktion für Familien

Nördlich der Volkswagen Arena befindet sich die Wasserskiseilbahn. Ab 2005 in Betrieb ist sie sogar für Wettkämpfe ausgelegt. Gleich daneben nahe der Straße Berliner Brücke die Mountainbike-Strecke. Beachten Sie die Skaterskulptur, ein Eldorado für Jugendliche mit Skateboards und Inline-Skates.

Menschen, Bauwerke und Natur sollen im Allerpark gleichberechtigt sein. Damit wird die „ErlebnisWelt" ein hochkarätiger Magnet für Touristen aus dem In- und Ausland.

Am Strand des Allersees ist eine Ferienwohnanlage mit etwa 1000 Betten geplant. Das „CityResort" soll einem Feriendorf in aufgelockerter Bauweise ähneln. Die Gäste wohnen sozusagen in ihrer Erlebniswelt. Nördlich vom Allersee gehört das im Februar 2002 eröffnete BadeLand, eine der größten Bade- und Saunalandschaften bundesweit, zum Allerpark.

Allerpark
Im BadeLand warten Saunalandschaften und Wellness-Bereiche

Allerpark heißt: Sie können morgens schwimmen und saunieren, dann klettern oder Bowling spielen, sich mittags beim Wellness entspannen und nachmittags Ski fahren – unabhängig davon, ob es draußen stürmt, Bindfäden regnet oder die Sonne vom Himmel knallt. Witterungsunabhängige Freizeitgestaltung nennen das die Planer, ein Wildwasserkanal soll dazu kommen. Auch der vorhandene Eispalast ist Teil des Allerparks. Er ist schon etwas in die Jahre gekommen, soll aber modernisiert werden.

Tipp

Spannen Sie einen Tag im BadeLand aus. Sie finden 50-Meter-Bahnen, eine Sprunganlage, einen Strömungskanal, der draußen durch das Gelände führt, Rutschröhren, ein Wellenbad sowie eine ansprechende, große Saunalandschaft. Von Wellness-Massage bis Aquafitness reicht die Palette der Angebote.

BadeLand, Am Allerpark, 38448 Wolfsburg, Fon 05361 8900-0, www.badeland-wolfsburg.de

ERLEBNISWELT – DAS NEUE WOLFSBURG-KONZEPT

Die „ErlebnisWelt" zu schaffen, ist ein Ziel der Wolfsburg AG. Mit Freizeit und Unterhaltung will die junge Stadt noch mehr Besucher und vor allem Kurzzeiturlauber anziehen und damit letztlich auch neue Arbeitsplätze schaffen. Zur „Erlebnis-Welt", die sich später über die gesamte Stadt verteilen soll, gehören sechs Planungsbereiche:

Sport und Erholung

Vom Kind bis zum Senior bietet der Allerpark eine große Vielfalt zum Thema Bewegung.

Entdeckungsreise und Unterhaltung

Die Autostadt gehört dazu und die Experimentierlandschaft phaeno. Alle Straßen und Wege am nördlichen Ende der Innenstadt führen zu einem zentralen Platz. Cinemaxx, Clubs, Diskotheken, Läden, Gastronomie – das ist das pulsierende Tor zur Innenstadt.

Tradition und Moderne

Ausstellungen, große Festivals und Entspannung rund um das Wolfsburger Schloss und im Schlosspark.

Einkaufserlebnis und Vielfalt

Die Einkaufsmeile Porschestraße wird mit Überdachungen, Wasserlandschaften und Lichtinstallationen neu gestaltet.

Kunst, Kultur und Lebensgefühl

„Kommunikation über alle Sinne und mit allen Sinnen" lautet das Motto. Am südlichen Ende der Porschestraße ist die Kunst- und Kulturszene zu Hause: Kunstmuseum, Theater, Planetarium, Volkshochschule und Congresspark.

Spass und Fantasie

„Fantasie hautnah erleben, sich in neuen Dimensionen bewegen" – das soll später, wahrscheinlich sehr viel später, einmal möglich werden in einem östlich des Stadtzentrums gelegenen Unterhaltungsbereich.

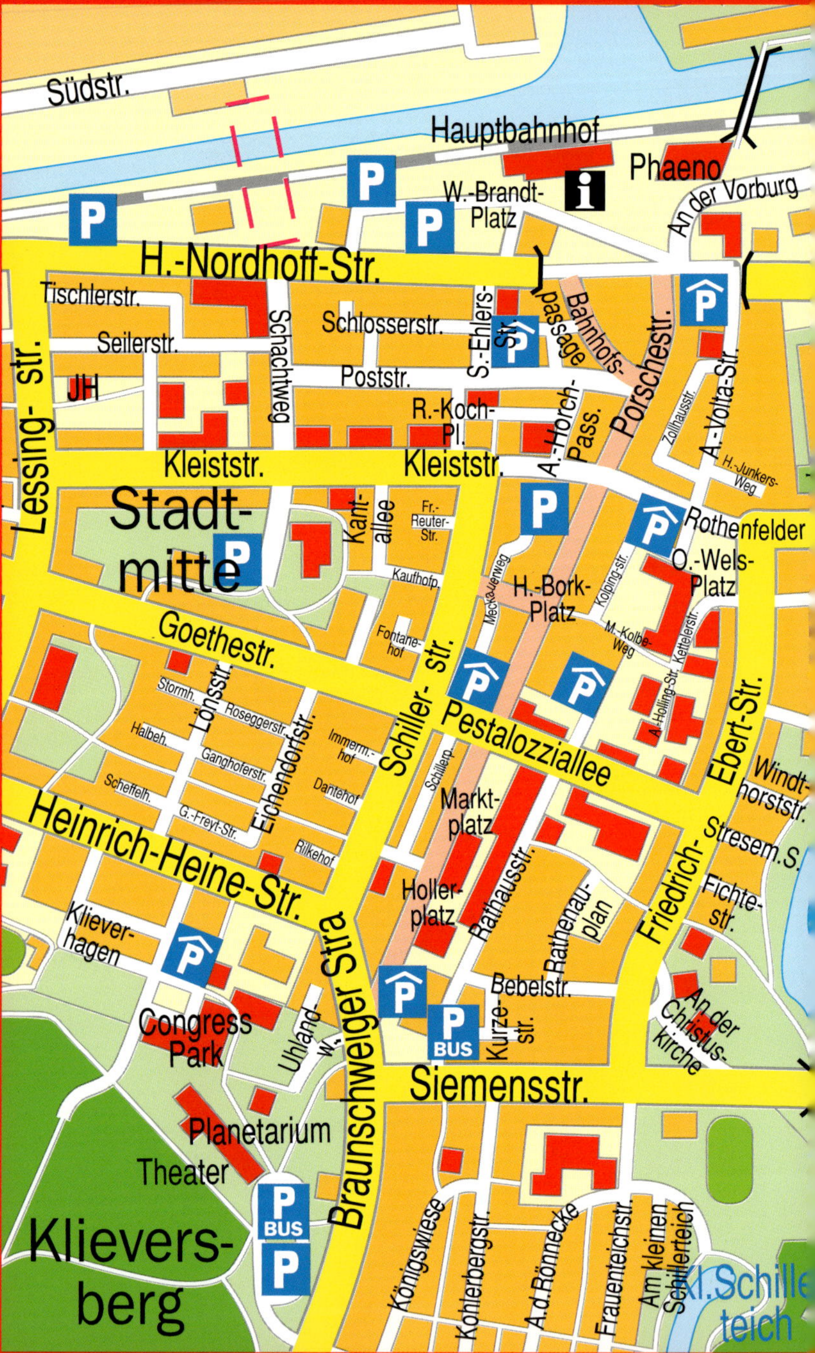

Südstr.
Hauptbahnhof
Phaeno
W.-Brandt-Platz
An der Vorburg
H.-Nordhoff-Str.
Tischlerstr.
Seilerstr.
Schachtweg
Schlosserstr.
S.-Ehlers-Str.
Bahnhofspassage
Porschestr.
A.-Volta-Str.
Zollhausstr.
H.-Junkers-Weg
Lessing-str.
JH
Poststr.
R.-Koch-Pl.
A.-Horch-Pass.
Kleiststr.
Kleiststr.
Stadt-mitte
Kant-allee
Fr.-Reuter-Str.
Kaufhofp.
Rothenfelder
O.-Wels-Platz
Kolping-str.
Mecklw.-Weg
H.-Bork-Platz
M.-Kolbe-Weg
Kettelerstr.
Goethestr.
Fontane-hof
Schiller-str.
Pestalozziallee
A.-Holling-Str.
Ebert-Str.
Windt-horststr.
Stormh.
Lönsstr.
Roseggerstr.
Eichendorfstr.
Immerm.-hof
Halbeh.
Ganghoferstr.
Dantehof
Scheffelh.
G.-Freyt.-Str.
Rilkehof
Schillerp.
Markt-platz
Rathausstr.
Heinrich-Heine-Str.
Friedrich-
Stresem.S.
Fichte-str.
Kliever-hagen
Holler-platz
Rathenau-plan
Braunschweiger Stra
Bebelstr.
Congress Park
Uhland-w.
BUS
Kurze-str.
An der Christus-kirche
Siemensstr.
Planetarium
Theater
BUS
Kliever-berg
Königswiese
Kohlerbergstr.
A.d.Rönnecke
Frauenteichstr.
Am kleinen Schillerteich
Kl.Schille teich

PHAENO, KUNSTMUSEUM, THEATER UND MUSEEN: KUNST UND KULTUR

PHAENO

Das phaeno ist ein Phänomen, schon in der Bauphase. Es wurde aus Beton geformt, der sich selbst verdichtet. Das ist revolutionär in der Bautechnik und deshalb schon an sich ein Experiment. Rüttler werden nicht mehr gebraucht, mit denen Arbeiter den noch feuchten Beton in alle Winkel seiner Schalform bringen. Trotzdem muss die Statik stimmen, müssen Schrägen Halt geben. Die Ausnahmegenehmigung wurde erteilt, und jetzt schauen alle gespannt zu, ob das so alles klappt.

Experimentierlandschaft phaeno: Kein Science Center, denn das ließe sich nur mit „Wissenschaftszentrum" übersetzen. Hier in Wolfsburg dagegen steht etwas Einmaliges: Spaß am Experimentieren an etwa 250 Stationen. Kinder, Jugendliche und Erwachsene sollen selbst entdecken, sie sollen zu Themen von „Aeronautik" bis „Zeit" für ein paar Stunden selbst Forscher sein. Dabei können sie mit dem Kopf durch die Wand rennen, auf einem Kreisel Rodeo reiten oder vorwärts laufen und doch nicht vorankommen. Niemand muss das ganze Gebäude und alle Stationen durchlaufen: Es wird kein Pfad vorgegeben. Jeder sucht und findet hier seinen Weg und entdeckt vielleicht, dass ein physikalisches Experiment auch etwas mit Chemie zu tun hat. Oder mit Gesellschaft und Wirtschaft. Firmen gehen auf Besucher zu, bieten Workshops und ein Ideenforum an, wollen junge Menschen für Technik begeistern und die Entdeckerlust entfachen.

Ein Bonmot Frank Oppenheimers, der in San Francisco 1969 das Exploratorium entwarf, einen Vorläufer zum phaeno, wird Wirklichkeit: „Ich möchte nicht, dass jemand aus meinem Haus geht, voller Bewunderung, wie schlau ein anderer war, sondern mit dem Zutrauen, selbst etwas zustande bringen zu können." Ulf Merbold, der berühmte deutsche Raumfahrer, ist Präsident der Stiftung phaeno. 4400 qm stehen allein für die Stationen zur Verfügung. Labore auf 420 qm, 260 qm sind für wechselnde Ausstellungen vorgesehen. Das Wissenschaftstheater für spannende Veranstaltungen fasst 250 Menschen. Insgesamt stehen mehr als 12.000 qm auf allen Etagen zur Verfügung.

Das Gebäude soll nach Vorstellungen der Stadt auch ein architektonisches Markenzeichen werden. Nach dem Motto „Sydney hat die Oper – Wolfsburg hat das phaeno" wählten die Jurymitglieder den Entwurf der irakischen Architektin Zaha Hadid aus. Die 1950 in Bagdad geborene Frau hat in England studiert. Heute ist die Architektin eine der populärsten Baumeisterinnen der Welt. Den Ausschlag für Wolfsburg gab etwas anderes: Die in London lebende Architektin setzte in ihrem Entwurf keinen Museumsklotz ans Ufer des Mittellandkanals. Sie hebt das futuristische Dreieck, die auf eine Art Vulkankratern ruhende Stufenlandschaft, das phaeno eben, sieben Meter in die Höhe. Das heißt: Die Menschen können unter dem 78 Millionen Euro teuren Haus hindurchgehen. Sie erleben einmalige Lichtinszenierungen. Und: Sie haben von der Stadt aus immer das VW-Werk mit seinen vier Schornsteinen im Blick – unter dem phaeno hindurch!

Und drüber schauen kann man auch, denn die „Experimentierscheibe" ist nicht höher als 16 Meter. Darüber beendet ein Flachdach die Entdeckerfreude. Das bedeutet: Die an dieser Stelle durch die Fußgängerbrücke erst vor wenigen Jahren neu geschaffene Verbindung von der Stadt und vom Bahnhof zur Autostadt von VW wird durch das phaeno an dieser Stelle belebt, unterstützt, verstärkt und nicht stranguliert. Hier entsteht ein neues Zentrum Wolfsburgs.

Im Innern des phaeno laden Terrassen, Plateaus, Krater und Höhlen ein. Hier entstehen verschlungene Wege zu den Experimentierfeldern. Das neue Wahrzeichen Wolfsburg macht wirklich Spaß – ab 2005 nicht versäumen.

Info

Neben dem Hauptbahnhof am Willy-Brandt-Platz. Besucher können beim Forum Architektur der Stadt Wolfsburg Gruppenführungen sowie andere Architekturführungen bestellen.
Stadt Wolfsburg, Forum Architektur, Postfach 100944, 38409 Wolfsburg, Fon 05361 28-1643, www.phaeno.de

KUNSTMUSEUM
Viel Glas zieht schon von außen die Blicke ins Museum

KUNSTMUSEUM

„Wir liegen auf halber Strecke zwischen Paris und St. Petersburg", sagt der Museumssprecher stolz. Das im Mai 1994 eröffnete Kunstmuseum am Südende der Porschestraße versteht sich als das Museum für Gegenwartskunst in Deutschland. Und tatsächlich sind es große Namen, deren Werke hier zu betrachten sind. Auch Zeichnungen von Wolfgang Joop, junge britische Kunst (oft werden Länder thematisiert), Modenschauen von Schülern der Designerin Vivienne Westwood ziehen Massen an.

Programm und Botschaft an andere Museen: Öffnet Euch. Das 17 Meter hohe Haus selbst ist transparent genug. Das flache Glasdach ruht auf schlanken Stahlstützen. Es behütet das gläserne, etwas zurückliegende Eingangsfoyer, die Glasquader, die hinausragende Rampe. Glas dominiert. So werden dem Außenstehenden Einblicke gewährt, die ihn ins Innere ziehen sollen. Die 8500 qm innen wirken übersichtlich. Die 16 Meter hohe Ausstellungshalle in der Mitte ist aus verschiedenen Perspektiven zu sehen, vom Foyer aus durchs pyramidenförmige Dach, von der Empore aus von einem erhöhten Standpunkt. Das Hamburger Architektenbüro Peter Schweger und Partner entwarf das Gebäude.

KUNSTMUSEUM
Das Museum für Gegenwartskunst in Deutschland

Kunstmuseum
Unter dem Glasdach präsentiert sich die Avantgarde

Ein magentafarbener Wal ist das Erkennungszeichen des Museums. Die dazugehörige „wahre Geschichte vom Minotaurus" lässt sich als Buch in der hervorragend sortierten Buchhandlung unten am Eingang kaufen. Der rosa Wal als Symbol für das Rätselhafte und das Bedrohte passt gut zur Kunst, denn auch sie ist manchmal rätselhaft und bedroht. In der Regel laufen zwei bis drei Ausstellungen parallel, dazu wird in einer weiteren Schau immer etwas anderes aus dem beachtlichen Fundus gezeigt: Anselm Kiefer, Jeff Koons, Andreas Gursky, Douglas Gordon, Gary Hill, Mario Merz, Peter Fischli oder Paul Graham.

Info

Kunstmuseum Wolfsburg, Porschestraße 53, 38440 Wolfsburg,
Fon 05361 2669-0, www.kunstmuseum-wolfsburg.de
Bistro walino, Fon 05361 25599
Museumsshop, Fon 05361 2669-60

Tipp

Für Lehrer mit Klassen aus der Region und Seniorengruppen fragen Sie nach dem Busservice. Konzerte und Lesungen.

PLANETARIUM

Es ist kein Geschenk des Himmels, sondern des Volkswagenwerkes zum 40. Geburtstag der Stadt im Jahr 1978. VW hatte der DDR 10.000 Autos vom Typ Golf geliefert. Als Teil des damals üblichen Tauschhandels zwischen West und Ost erhielt die Konzernleitung eine Projektionsanlage der Firma Jenoptik. Der Typ Spacemaster galt als das modernste Planetarium seiner Art. Daran wurden in der Sowjetunion Kosmonauten ausgebildet.

Ingenieure aus der DDR entwarfen unter anderem mit dem Wolfsburger Architekten Roland Hesse das passende Gehäuse dazu. Es entstand eine Art blauer Golfball, der zu einem Viertel in der Erde versunken ist. 1981 wurde mit dem Bau begonnen. Zwei Jahre später war Eröffnung. Unter der fast 18 Meter breiten Kuppel bieten 148 Kippsessel die Gelegenheit, entspannt in die Sterne zu schauen. 9000 davon lassen sich projizieren in diesem einzigen Großplanetarium Niedersachsens. 1996 wurde die Technik erneuert. Über 50 Spezialprojektoren drehen sich um den blauen, vieläugigen Carl-Zeiss-Projektor mitten im Saal.

PLANETARIUM
Hightech aus Jena im einzigen Großplanetarium Niedersachsens

Planetarium

Im Liegesessel einmal quer durchs Universum

Über zwei Videoprojektoren laufen dramatische Filme ab, wie etwa der Überflug des Mars oder der Venus. Schwarze Löcher, rotierende Galaxien, Ansichten vom Mond oder die Entstehung der Erde werden veranschaulicht.

Info

Planetarium Wolfsburg, Uhlandweg 2, 38440 Wolfsburg, Fon 05361 21939, www.planetarium-wolfsburg.de

Tipp

Kinderprogramme. Veranstaltungen mit Musik. Das Planetarium ist auch für Kongresse zu mieten.

THEATER

Hans Scharoun hat das Theater nie in seinem Endzustand gesehen. 1973, ein Jahr nach dem Tod des weltbekannten Architekten, wurde es fertig gestellt. Ein Jahr hatte das 1969 begonnene, ehrgeizige Projekt der Stadt stillgelegen. Grund war die erste VW-Krise (VW-Chef Nordhoff starb, ein Nachfolgemodell zum Käfer fehlte) und damit brachen die Gewerbesteuereinnahmen für Wolfsburg weg. Scharoun, der Berliner Städtebauer, erster Präsident der Akademie der Künste in West-Berlin (1955 bis 1968), hatte sich mit dem Entwurf der Philharmonie ein Denkmal gesetzt. 1963 wurde der zu der Zeit markanteste Nachkriegsbau Berlins eröffnet. In Wolfsburg setzte Scharoun ebenfalls ein städtebauliches Zeichen, wenn auch das Theater sich eher unauffällig längs des Klieversberges schmiegt.

Foyer, Bühnen- und Zuschauerhaus (777 Sitzplätze) sowie der Verwaltungs- und Garderobentrakt reihen sich wie Kästchen aneinander. Das überragende Kästchen ist das mittlere, der fensterlose, massige Bühnenklotz. Wer über die schlichte äußere Form, die so gar nichts von der schwungvollen Berliner Philharmonie geerbt hat, enttäuscht ist, sollte den Innenraum anschauen. Er entwickelt die gleiche faszinierende Atmosphäre wie die Philharmonie.

Zum Programm: Die Auslastungszahlen bestechen, es gibt kein festes Ensemble, sondern ausschließlich Gastspiele: Wiener Operettenensemble, Kammeroper Prag, St. Petersburger Ballett-theater Boris Eifman oder die Komödie am Kurfürstendamm Berlin mit Werner Schneyder, Hilmar Eichhorn mit „Jedermann“ oder das Ohnsorg-Theater Hamburg – sie alle gastieren hier.

Wolfsburg scheint schon von jeher das Theater zu mögen, anders lässt sich die hohe Zahl von etwa 115.000 Gästen im Jahr für das Scharoun-Theater nicht erklären.

Info

Theater auf dem Klieversberg, Klieverhagen 50, 38440 Wolfsburg, Fon 05361 267310, www.theater-wolfsburg.de

THEATER
Jährlich 115.000 besuchen die Gastspiele im Scharoun-Bau

Galerie-Theater

Diese Kleinkunstbühne mit der besonderen Atmosphäre, wie sie sich selbst bezeichnet, ist ein Geheimtipp. Das Programm ist beachtlich: Kabarett, Kunst und Musik – Kleinkunst in einem alten Fachwerkhaus in der so genannten Traditionsinsel Wolfsburg im alten Ortsteil Hesslingen kommt eben an. Aber: Ohne Vorbestellung kommt niemand hinein.

Das restaurierte, klassische, niedersächsische Bauernhaus vor dem ältesten Gebäude Wolfsburg, der St. Annen-Kirche, gehört zum einstigen Dorf Hesslingen.

Info

Galerie Theater Wolfsburg e.V., An der St. Annen-Kirche, 38440 Wolfsburg, Fon 05361 17650. Kartenvorverkauf auch bei Tourist-Info am Bahnhof, Fon 05361 14333 sowie an der Abendkasse eine Stunde vor Vorstellungsbeginn.

HOFFMANN-VON-FALLERSLEBEN-MUSEUM

Es war die Zeit des Vormärz in Deutschland, vor der Märzrevolution von 1848. Es geht um soziale Verbesserungen für die Massen und die nationalstaatliche Einigung Deutschlands. Das frühindustrielle Unternehmertum hebt sich allmählich gegen das in Zünften organisierte Kleinbürgertum ab. In dieser Zeit schreibt August Heinrich Hoffmann – geboren am 2. April 1798 in Fallersleben – Gedichte, die er unter dem Titel „Unpolitische Lieder" zusammenfasst. Darin wetterte der 42-jährige Professor für deutsche Sprache und Literatur in Breslau gegen die Allmacht der Fürsten. Hoffmann verspottete die Vorrechte des Adels, sprach sich gegen die Zensur aus, gegen Polizei und Militär. Gleichzeitig beklagte er die Gleichgültigkeit vieler Spießbürger. Als die Pamphlete 1840 im Verlag Hoffmann und Campe erscheinen, applaudiert das Volk, die Behörden grollen hingegen.

Der Lyriker sucht Ruhe auf Helgoland. Am 26. August 1841 schreibt er: „Wenn ich dann so wandelte einsam auf der Klippe, nichts als Meer und Himmel um mich sah, da ward mir so eigen zu Muthe, ich mußte dichten und wenn ich es auch

HOFFMANN-VON-FALLERSLEBEN-MUSEUM
Biografisches und Demokratie-Geschichte im Renaissanceschloss

nicht gewollt hätte." Genau in diesen Tagen entstehen die drei Strophen für das spätere Deutschlandlied. Es wird noch heute gesungen nach der Melodie Joseph Haydns „Gott erhalte Franz den Kaiser, unsern guten Kaiser Franz". Vertonungen hatte es viele gegeben, doch nur die von Haydn setzte sich durch.

Am 29. August 1841 kam der Verleger Campe zu Besuch nach Helgoland. Hoffmann liest ihm den Text vor, der mit „Deutschland, Deutschland, über alles, über alles in der Welt" beginnt. Damit beschreibt er seine Liebe zu diesem Land, das sich aus den Kleinstaaten zu einem Großen formieren soll. Campe war begeistert. Hoffmann überlässt ihm den Text und verlangt nicht mehr als einen Wochenlohn. Erst 81 Jahre später, am 11. August 1922, wird der Text zur Nationalhymne. Reichspräsident Friedrich Ebert erklärt sie zum „Lied der Deutschen". Nach dem Zweiten Weltkrieg wird sie nach langem Zögern 1952 zum Deutschlandlied der Bundesrepublik, allerdings nur mit der dritten Strophe („Einigkeit und Recht und Freiheit ..."). Seit 1990 ist sie der Text der Hymne des wiedervereinigten Deutschlands.

Das Museum bereitet die Geschichte seines Lebens sowie dieses Abschnitts deutscher Geschichte anschaulich auf. Die Ausstellung im restaurierten Renaissanceschloss von Fallersleben ist einfallsreich und für Kinder interessant. Am Liederbaumpuzzle ist eine Auswahl von Hoffmanns Kinderliedern zu hören. Er schrieb mehr als hundert.

Als die Behörden Hoffmann 1842 die Professur entziehen und aus dem Staatsdienst werfen, vagabundiert der politisch Verfolgte durch Deutschland. Dabei findet er auch Unterschlupf beim Pastor David Lochte (1800-1877) in der St. Marien-Kirche in Alt-Wolfsburg in der Nähe des Schlosses. 1848 wird Hoffmann vom preußischen König rehabilitiert. Ein Jahr später heiratet der 51-Jährige seine 18-jährige Nichte Ida, Pfarrerstochter aus Bothfeld (heute ein Stadtteil von Hannover). 1874 stirbt er in Corvey an der Weser.

Info

Hoffmann-von-Fallersleben-Museum, Schloss Fallersleben, 38442 Wolfsburg, Fon 05362 52623.

Tipp

Gehen Sie durch den kleinen Schlosspark rund um die Michaeliskirche und am Teich vorbei, dann in die Kirche hinein. Die evangelisch-lutherische Michaeliskirche zu Fallersleben ist im klassizistischen Baustil errichtet worden. Sie ist eine architektonische Besonderheit, eine so genannte Querhausanlage, die im Kirchbau nur noch gelegentlich zu finden ist. Die Bänke sind, anders als in den meisten Kirchen, nach drei Seiten um Altar und Kanzel angeordnet. Die Gemeinde sitzt nicht vor dem Pastor, in West-Ost-Richtung zum Altar ausgerichtet, sondern um ihn herum.Der 46 m hohe Turm steht an der nördlichen Längsseite der Kirche mit einer vorgelegten, offenen Säulenhalle.

Der Architekt Christian Gottlieb Langwagen hat die Michaeliskirche entworfen. Bereits 942 stand an dieser Stelle das erste urkundlich erwähnte Gotteshaus.

Bummeln Sie dann durch die Altstadt von Fallersleben mit vielen Fachwerkhäusern. In Hoffmanns Geburtshaus in der Westerstraße 4 (Fon 05362/3002) befindet sich heute ein Hotel-Restaurant. Fallersleben wurde vor mehr als 1000 Jahren erstmals erwähnt, als der spätere Otto der Große der Kirche in Fallersleben einen Streifen Ackerland schenkte. Das Schloss Fallersleben wurde 1549 Witwensitz von Clara, der Frau des Herzogs Franz von Braunschweig und Lüneburg. Herzogin Clara verordnete den Alten und Kranken kostenlos ihr „Gesundheitsbier". Es wurde nach alten Rezepten gebraut.

Heute ist das „Alte Brauhaus" am Schlossplatz zu empfehlen, Fon 05362 3140, www.brauhaus-fallersleben.de. In der großen Sudhalle gibt es lange Tische, deftiges Essen und gelegentlich Live-Musik, naturtrübe Biere, Weizenbier.

KUNST UND KULTUR IM SCHLOSS WOLFSBURG

STADTMUSEUM SCHOSS WOLFSBURG

Das Museum besticht durch seine konsequent bürgerorientierte Sammlungskonzeption und eine ideenreiche Gestaltung: Eine Kombination aus historischem Museum und aktueller Stadtpräsentation.

Höhepunkte des Museumsjahres sind: Lange Nacht der Museen, das Dreschfest, Führungen und Vorträge zur Schlossgeschichte, Sonderausstellungen. Also: Unbedingt besuchen, wenn Sie sich für die dynamische Stadtgeschichte und die Geschichte des Wolfsburger Schlosses interessieren. In unseren 24 Stunden in Wolfsburg sollte das Stadtmuseum mit einer Stunde Berücksichtigung finden!

STADTMUSEUM
Auch der 50er-Jahre Frisiersalon gehört zur Stadtgeschichte

Städtische Galerie

Auf sechs Ausstellungsetagen zeigt die Städtische Galerie Moderne Kunst: Internationale Druckgrafik und zeitgenössische Kunst aus dem deutschsprachigen Raum. In der Druckwerkstatt sind Künstler aus dem In- und Ausland zu Gast. In der Bürgerwerkstatt wird Kunst in Theorie und Praxis vermittelt. Hier arbeitet die Malschule Pinselstrich, hier werden Ferienspiele, Wokshops und Schulprojekte durchgeführt. Die Sammlung umfasst 5000 Kunstwerke. Wechselnde Ausstellungen ergänzen die Sammlung, deren Ziel es ist, ein lebendiges Bild von der Qualität und Entwicklung Moderner Kunst zu vermitteln.

Kunstverein Wolfsburg

Ausstellungen und Projekte internationaler, zeitgenössischer Kunst werden hier für die Stadt Wolfsburg oder für den Ort im Schloss entwickelt. Junge Kunst wird im alten Schloss präsentiert und diskutiert und damit ein innovatives Image verbreitet.

Kulturbüro

Vermittlung von aktuellen Entwicklungen der Modernen Kunst. Schwerpunkt: Innovative Trends in Kunst und Kultur aufzuspüren und den Bürgern nahezubringen. Stichworte: Schloss als kulturelle Marke, Förderung der Kulturszene, Antikmärkte, Kunstmärkte, Theatertreffen, Künstleraustausch mit Partnerstädten, Advent im Schloss, Gartenromantik-Messe, WerkStatt Schloss, internationale Sommerbühne und anderes mehr.

Info

Schloss Wolfsburg, Schlossstr. 8, 38448 Wolfsburg,
Fon 05361 82 85 40
Stadtmuseum im Schloss Wolfsburg, Fon 05361 828540
Städtische Galerie im Schloss Wolfsburg, Fon 05361 828510
www.wolfsburg.de

Kunstverein Wolfsburg e.V., Fon 05361 67422,
www.kunstverein-wolfsburg.de

Kulturbüro, Fon 05361 891 2852, www.wolfsburg.de

AUTOMUSEUM WOLFSBURG

Seit es die Autostadt gibt, steht dieses Museum etwas im Schatten. Nach einer Überarbeitung im Jahr 2000 erinnert die 1985 eröffnete Ausstellung mit ihren 130 Volkswagen aller Stilrichtungen immer noch eher an einen überdachten Oldie-Parkplatz. Aber für Fans lohnt der Besuch: da gibt es einen „Briefmarkenkäfer", einen VW-Käfer, der mit Briefmarken übersät ist. Oder einen Holzkäfer, erst 1999 von Livio de Marchi für den Karneval in Venedig geschnitzt. Wer also die VW-Nostalgie liebt, ist hier gut aufgehoben, wer aber Prototypen und Unikate will oder die hier vorgeführte Entwicklung von VW, Audi, DKW, Horch, Wanderer und NSU nachvollziehen will, sollte hinterher auf jeden Fall noch in die Autostadt gehen.

Info

Stiftung AutoMuseum Volkswagen, Dieselstraße 35, 38446 Wolfsburg, Fon 05361 52071, automuseum.volkswagen.de

AutoMuseum
Käfer, Golf und Bulli in allen Formen und Farben

GEMEINDEZENTRUM HEILIG-GEIST

Dieses evangelische Gemeindezentrum mit seinem freistehenden Glockenturm, der Kirche, dem Gemeindehaus und dem italienisch anmutenden Platz dazwischen sowie der Pastorenwohnung und dem Kindergarten ist sehenswert. Hier hat der weltberühmte finnische Architekt Alvar Aalto (1898 bis 1976) eine liebliche, liebenswürdige Oase der Ruhe geschaffen – abgeschirmt und doch offen. Sie entstand zunächst auf einer Serviette in einem Lokal. Dort hatte der neue Pastor von Heilig-Geist den Baumeister kennen gelernt, der in Wolfsburg schon den Bau des Kulturzentrums an der Porschestraße entworfen hatte.

„Ich brauche eine Kirche", hatte der Gottesmann geklagt, und Aalto begann zu zeichnen. Ende der fünfziger Jahre war die Wohnsiedlung Klieversberg neu angelegt worden. Jetzt wurde mit jedem neuen Stadtteil eine neue Kirche gebaut, 27 Stück in 26 Jahren. Doch Heilig-Geist ist etwas Besonderes geblieben. Von 1960 bis 1962 entstand der Campanile von Wolfsburg.

Wer in die Kirche hineingeht, fühlt sich eher wie in einem großen Wohnzimmer. Hier aus Ehrfurcht zu flüstern fiele niemandem ein. Angenehm wirken weiße Steine und das Holz. Aalto entwarf jedes Detail, selbst die Lampen. Wirklich gelungen! Aalto schuf hier eine intime Atmosphäre.

Seine später gebaute Stephanuskirche am Detmeroder Markt scheint dagegen nicht so gelungen. Schauen Sie sich dafür lieber sein Kulturhaus am Rathaus in der Porschestraße an. Aalto entwarf die Pläne für die finnischen Städte Rovaniemi am Polarkreis sowie für Imatra. In Deutschland baute er die Hochhäuser im Berliner Hansaviertel (1957), in der Bremer Neuen Vahr (1960/61) sowie ein Theater in Essen.

Info

Gemeindezentrum Heilig-Geist, Röntgenstraße 81. Die Kirche ist täglich geöffnet, solange es hell ist.

BURG NEUHAUS

Nur ein paar Kilometer östlich der Kernstadt liegt Burg Neuhaus. In Norddeutschland ist sie eine der am besten erhaltenen Wasserburgen aus dem Mittelalter. Sie stammt aus dem 14. Jahrhundert, wirkt trutzig, verfügt aber über einen lieblichen Hausteich. Herzog Magnus von Braunschweig-Lüneburg wählte das Felsmassiv am Hehlinger Bach als Standort. Er baute die Burg in Form eines Grabens um das „neue Haus". Ein Bach wurde gestaut und hineingeleitet, so dass eine Wasserburg entstand. Der Hof lag nun so hoch auf den Felsen, dass sich der Eingang erst im dritten Stockwerk des Turmes befand: Damit war sie schwer einzunehmen. Im Rundturm wird in zwei Räumen die Geschichte der Burg gezeigt.

Info

Burg Neuhaus, Fon 05361 891 28 61, info@burg-neuhaus.de

Tipp

Gegenüber können Sie gut einkehren im Restaurant Romantik „An der Wasserburg". Niedersächsische Spezialitäten, Biergarten und Café: An der Wasserburg 2, 38446 Wolfsburg-Neuhaus, Fon 05363 9400, www.an-der-wasserburg.de

BURG NEUHAUS
Eine der besterhaltenen Wasserburgen Nordeutschlands

HEINRICH-BÜSSING-HAUS

Sie sind ein Fan alter Lastwagen und Busse? Dann lohnt sich dieser Abstecher nach Nordsteimke, ein paar Kilometer außerhalb der Kernstadt Wolfsburg. Dort finden Sie an der Ecke Steinbeker Straße/Hehlinger Straße ein Steinhaus mit schwarzem Schiefer. Hier wurde Heinrich Büssing (1843-1929) geboren. Zunächst lernte er bei seinem Vater in der Schmiede das Handwerk. Später, nach seinem Maschinenbaustudium in Braunschweig, gründete er 1869 eine Fahrradfabrik. Dann stellte er Signale für Stellwerke der Eisenbahn her. Erst mit 60 Jahren kam der eigentliche Durchbruch: Büssing konstruierte Motorwagen und Motoromnibusse. Das machte ihn weltberühmt. Die Fabrik gründete er 1903 in Braunschweig. Ein Jahr später richtete er mit einem seiner Busse den ersten festen Linienverkehr der Welt ein – zwischen Wendeburg und Braunschweig. Der Fahrplan dazu hängt im Museum (Eintritt frei). Büssings Busse glichen eher Kutschen mit Frontmotor, doch sie fuhren gut. Später übernahmen seine Söhne die Lastwagenfabrik, dann ging sie an den Hersteller MAN. Noch heute ist der Braunschweiger Löwe – ursprünglich das Markenzeichen Büssings – Bestandteil des MAN-Firmenlogos.

Info

Heinrich-Büssing-Haus, Fon 05363 4172 sowie bei MAN Salzgitter, Fon 05341 281740

HEINRICH-BÜSSING-HAUS
An der Schmiede lernte der KFZ-Pionier sein Handwerk

THEMENPARK LANDLEBEN

In Kästorf, nur wenige Meter nördlich des VW-Werkes, finden Sie etwas bundesweit Einmaliges: einen Themenpark zum Landleben mit historischen Fachwerkhäusern in einem Rundlingsdorf, in dem Sie nicht nur dem traditionellen Handwerk zuschauen können, sondern selbst Hand anlegen dürfen. Sie können beim Glasbläser lernen, bei Schlachter, Bäcker, Bauer in die Lehre gehen und die Produkte auch kaufen. In einer Wasserlandschaft unterqueren Sie in einer Glasröhre einen Teich. Sie können Rosen, Kräuter und Stauden bewundern. Eine Garteneisenbahn fährt durch die 140 000 qm große Landschaft.

Initiator Hartmut Gehrmann sagt: „Wir bauen daran vielleicht die nächsten 15 Jahre, immer kommt etwas hinzu." Begonnen wurde im Frühjahr 2004. Die Besucher sollen mitmachen und lernen, welche Werte und Fertigkeiten es beim traditionellen Landleben gibt. Sie werden sehen, was sich aus Erdbeeren, Spargel oder anderen Erzeugnissen dieses Dorfes alles zubereiten lässt. Das lebendige Dorf, in dem es auch Tanz und Musik geben soll, ist ganzjährig täglich geöffnet.

Info

An der B 188 bei Kästorf, verlassen Sie die Bundesstraße bei der Abfahrt Kreuzheide/Kästorf/Warmenau, links abbiegen und unter der B 188 hindurch.

Themenpark Landleben, 38448 Wolfsburg-Kästorf, Hartmut Gehrmann, Fon 0171 5276950, www.themenpark-landleben.de

AUTOSTADT
Blick durch die Autostadt auf das Schloss

WOLFSBURG MODERN:
AUTOSTADT, VW-WERK UND DAS RITZ-CARLTON

AUTOSTADT
Das KonzernForum ist Ihr Zugang in die Auto-Erlebniswelt

AUTOSTADT

Die Autostadt, eröffnet zur Weltausstellung 2000, ist mit 2 Mio Gästen pro Jahr ein wichtiger Anziehungspunkt der Region. Erleben Sie auf dem 25 Hektar großen Areal Themen rund um Autos und Mobilität. Die Autostadt führt Sie in eine neue Welt der Automobilität, mit Angeboten für Erwachsene und Kinder, mit Überraschungen und neuen Eindrücken, Erlebnissen und Erfahrungen.

Sie betreten die Autostadt durch das KonzernForum und werden auf einer Piazza begrüßt. Hier können Sie sich informieren und orientieren und hier beginnt Ihr Weg durch die Autostadt, mit einem unserer Tourguides oder individuell. Von hier aus kommen Sie in die KonzernWelt mit den Inszenierungen für die ganze Familie im Erdgeschoss, mit dem Restaurant Pizza AMano und dem Shop Metropol und mit Attraktionen, Installationen und Kinos im ersten und zweiten Stock.

MobiVersum

Im Erdgeschoss der KonzernWelt öffnet sich das neue MobiVersum. Eine Welt, die für Erwachsene eine Reise zum „inneren Kind" und für Kinder eine spannende und lehrreiche Erfahrung bietet, eine Erfahrung, bei der auch der Spaß nicht zu kurz kommt.

In den „Ländern" des MobiVersums gibt es viel Neues zu entdecken. Der Besucher erlebt eine Abfolge von Raumsequenzen, in denen Inszenierungen Aspekte von Mobilität und Zeit erlebbar machen. Die Architektur dieser Erlebniswelt ist fließend, sie kann an jeder Stelle betreten werden, und vermittelt immer neue und überraschende Einblicke. Hier werden Sie z.B. vor Rätsel gestellt: Wie viel Kilometer am Tag fliegt ein Storch auf seiner Reise? (400 Kilometer bei 90 km/H). Sie können im Daumenkino sehen, wie sich ein Marienkäfer in einen VW-Käfer verwandelt. Sie können mit Ihren Kindern diskutieren, wie viele Jahre ein Mensch in seinem Leben verschläft.

Autostadt
Altes Kraftwerk und junge Kraftfahrer

Dann lernen Sie Rolli kennen. Rolli ist ein kleiner Gast vom Planeten Sinus, der auf seiner Reise durch das All in der Autostadt Station macht. Im Simulator erleben Sie, wie der kleine Forscher Rolli auf der Erde landet – in 3D, komplett animiert und so aktiv, dass die Zuschauer jede Bewegung mitempfinden können. Zum Kuscheln mitnehmen lässt Rolli sich als Puppe, 25 Zentimeter hoch, handgearbeitet von einem Traditionshaus aus Dresden. Oder als liebevoll illustriertes Buch, ein Autostadt-Führer für Kinder und Erwachsene.

Rumfahrland

Kinder zwischen drei und elf Jahren dürfen das RumfahrLand besuchen. Die Aufenthaltszeit beträgt maximal 1,5 Stunden, und sie vergeht bei der „RumfahrLand-Rallye" wie im Flug. Es lohnt sich, den Besuch von Kindergruppen bei der Autostadt vorher anzumelden. Denn Kinder in angemeldeten Gruppen bekommen einen Rallye-Pass, der sie während ihrer Tour begleitet.

Die stolzen Passbesitzer, aber natürlich auch die anderen Kinder, durchlaufen nun verschiedene Erlebnisstationen, jede ist ein Teil der Rallye. An jeder Station gibt es einen Stempel in den Rallye-Pass. Wer alles absolviert hat, dem winkt zum Lohn ein lang ersehntes Erlebnis: Bobbycars und Flitzekisten warten auf die kleinen Piloten. Kinder bis zum 6. Lebensjahr befahren die Strecke mit Bobbycars, die Älteren meistern den Parcours mit Flitzekisten. Natürlich darf der Rallye-Pass am Ende mit nach Hause genommen werden.

LernPark

Im LernPark können Kinder Vorsicht, Umsicht und Rücksicht im Verkehr lernen können. Das Angebot der Kinderverkehrsschule richtet sich an Kinder im Alter von fünf bis elf Jahren und zielt darauf, wesentliche Begriffe und Verhaltensweisen im Straßenverkehr zu üben.

Zunächst lernen die Kinder anhand eines interaktiven Films Regeln zu den Themen Geh- und Radweg, Zebrastreifen, Ampeln und fließender Verkehr. Dann dürfen sie selbst zum Lenkrad greifen. In elektrisch angetriebenen Mini-New-Beetles mit einer Höchstgeschwindigkeit von 4 km/h darf ein Straßenparcours bewältigt werden. Das eben Erlernte wird so vergnüglich weiter vertieft. Als Höhepunkt und Abschluss erhält jedes Kind seinen eigenen „KinderFührerschein" mit eingedrucktem Bild und Namen.

Autostadt
Autos selber entwerfen: hier das neue Modell des Autors

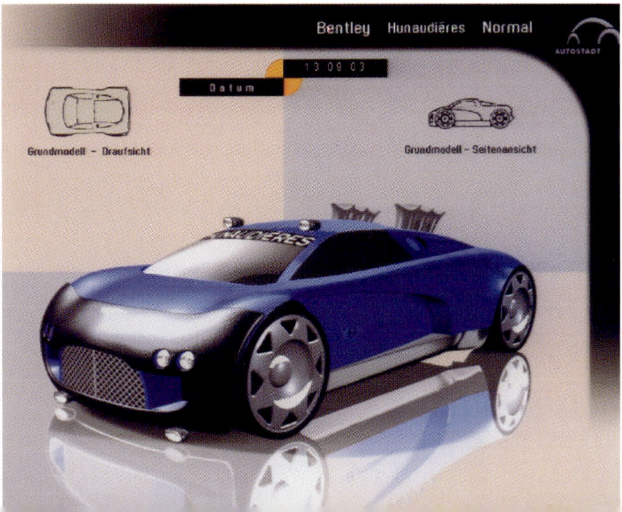

Das Angebot des LernParks muss nicht gebucht werden und kann von Gruppen und auch einzelnen Kindern genutzt werden. Die Dauer eines Durchlaufes beträgt ca. 50 Minuten. Der LernPark ist von Anfang November bis Ende März geschlossen.

AutoLab

Im ersten und zweiten Stockwerk der KonzernWelt finden Sie das AutoLab mit unterschiedlichen Stationen zum Erleben und Erfahren. Im Bereich Design bekommen Sie einen Einblick in die Entwicklung des Automobildesigns im Volkswagen Konzern und können an interaktiven Terminals Fahrzeuge selbst gestalten und per E-mail versenden.

Eine neue Attraktion stellt das SunFuelLab dar. Dort können Sie Ihre persönliche SunFuel-Pflanze aussäen. Aus schnell nachwachsenden pflanzlichen Rohstoffen wird ein neuartiger Treibstoff gewonnen. Über das Wachstum werden Sie per E-Mail informiert. Nach acht Wochen können Sie einen kleinen Flakon mit Ihrem persönlichen SunFuel in der Autostadt abholen.

Autostadt
Röhrend und fauchend dreht sich ein Lamborghini aus der Wand

AUTOSTADT
Jede Konzerntochter hat ihren eigenen Pavillon – hier der von SEAT

DIE PAVILLONS

Auf dem Piazza-Vorplatz hat der Besucher einen Blick über die gesamte Autostadt. Es entsteht der Eindruck von Leichtigkeit. Landschaft, Lagunen und Wasserläufe sind zu sehen. Kiefern wachsen auf Hügeln. Dazwischen sehen Sie die MarkenPavillons: Zuerst der Pavillion von Bentley, in einem Hügel eingebettet, dann der schwarze Lamborghini-Kubus, an dessen Außenwand der neueste Lamborghini als Teil der Inszenierung herausgedreht wird. Sie sehen dann die Pavillons von Skoda, Audi, Seat, Volkswagen und Volkswagen Nutzfahrzeuge.

Jeder Markenpavillon hat einen Hausbaum. Bei Bentley wächst die englische Eiche, Lamborghini wählte die Esskastanie aus dem mediterranen Raum. Skoda ließ eine zweistämmige, böhmische Linde pflanzen. Audi setzt auf den früh blühenden, im Herbst sich herrlich verfärbenden Spitzahorn, Seat auf Silberweide. Volkswagen zeigt sich mit einer Birke.

Die Uferkanten des 22.000 Quadratmeter großen Gewässers zwischen den Pavillons sind nach Norden natürlich ausgebildet, nach Süden architektonisch gerahmt. Den Park gestaltet haben die Landschaftsarchitekten Hinnerk Wehberg, Eppinger, Schmidtke und Partner aus Hamburg. Masterplaner für die gesamte Autostadt war Prof. Dr. Gunter Henn. Der Münchener Architekt schuf mit der gläsernen Manufaktur in Dresden ein weiteres Projekt des Volkswagen Konzerns.

AUTOSTADT
Im ZeitHaus weht der Hauch der – Automobil – Geschichte

ZEITHAUS

Im ZeitHaus finden Sie das Automobilmuseum der Autostadt. In dem als übergroßen Setzkasten konzipiertem Gebäude wird auf drei Stockwerken die Geschichte des Automobils erzählt. Von einem Rennboliden mit 16 Zylindern, über einen Lieferwagen bis zum Luxusauto und zum ersten Dreiliterauto - wird gezeigt, was im Automobilbau Geschichte schrieb. Neben historischen Modellen verschiedener Hersteller erhalten Sie auch Einblicke in den sozialen und kulturellen Kontext der unterschiedlichen Epochen. In der WerkStadt im gläsernen Setzkasten ist Platz für Experimente. Physikalische Prinzipien lassen sich hier nachspielen. Es können aber auch Seminare von Schulklassen oder Ferienkurse gebucht werden.

DIE AUTOTÜRME

Die zwei gläsernen Autotürme gelten als das Wahrzeichen der Autostadt. Jeder fasst bis zu 400 Neuwagen der Marke Volkswagen: Die zukünftigen Eigentümer haben die Möglichkeit ihre Autos direkt von der Autostadt abzuholen, und damit dem Erwerb eines Neuwagens eine ganz besondere Note zu verleihen.

Das automatische System in den Türmen liefert etwa alle 40 Sekunden eines der Autos aus, die dann im KundenCenter auf ihren neuen Besitzer warten.

MobilitätsDeck

Im MobilitätsDeck der Autostadt werden Kurse für Lerngruppen oder Schulklassen zum Thema Mobilität abgeboten. Neben einem festen Programm an Workshops und Vorträgen finden im MobilitätsDeck auch regelmäßig Veranstaltungen im Rahmen der vierteljährlich wechselnden Autostadt-Themenkommunikation statt. Die Grundlage der pädagogischen Arbeit im MobilitätsDeck bildet das vom niedersächsischen Kultusministerium entwickelte Curriculum Mobilität. Für die Programme steht modernes technisches Equipment bereit, das handlungsorientierte Vorgehensweisen ermöglicht.

Kulinarisches

Viele Gäste bleiben einen halben Tag oder länger in der Autostadt. Wenn Sie eine Pause brauchen, können Sie die kulinarische Vielfalt der Gastronomie genießen. Im KundenCenter finden Sie das TachoMeter und das im wienerischen Kaffeehausstil eingerichtete StadtCafé. Amerikanisch geht es im „Cylinder" im ZeitHause zu: hier werden Burger, Muffins und Sandwiches serviert. Von der Piazza aus erreichen Sie das Selbstbedienungsrestaurant „Lagune", Sie finden es im östlichen Teil des KonzernForums. Eine offene Kochstelle, Pasta, ein Salat-Buffet, diverse Kaffeesorten und Desserts sowie helle Sitzbereiche mit Blick zum Wasser verleihen der „Lagune" ein mediterranes Flair.

Das „Chardonnay" liegt im ersten Stock des KonzernForums und bedient eher gehobene Ansprüche. Neben Gerichten aus den französisch geprägten Gebieten der US-Südstaaten, bildet die original französische Küche den Schwerpunkt. Zudem hält das Restaurant eine Reihe interessanter Weine aus Europa und Übersee bereit.

Im Restaurant „Pizza AMano", gegenüber vom MobiVersum gelegen, können Kinder ihre Pizza selbst belegen und zuschauen, wie sie im Steinofen zu einer leckeren Mahlzeit gart. Erwachsene finden hier ein reiches Angebot an diversen Pizzen. In den Sommermonaten öffnet direkt am Wasser das „Giardino".

Autostadt
Neuwagen in den Autotürmen – ausgeparkt wird automatisch

Lösen Sie die Abend-Verzehrkarte. Damit können Sie im Winter ab 16, im Sommer ab 18 Uhr die Autostadt besuchen und die Karte als Verzehrgutschein nutzen.

Kultur

Neben kulinarischen und pädagogischen Angeboten hält die Autostadt auch ein breites Spektrum an kulturellen und künstlerischen Programmen bereit. Im Rahmen der vierteljährlich wechselnden Themenkommunikation veranstaltet die Autostadt beispielsweise Vorlesungen, Vorträge oder Konzerte. Darüber hinaus lädt die Autostadt zum jährlichen Tanzfestival Movimentos ein und präsentiert im Sommer ein Jazz- und Bluesfestival.

Weitere Veranstaltungstermine können Sie im Customer-CareCenter der Autostadt unter der kostenlosen Telefonnummer 0800 329 288 678 238 erfragen. Nähere Details finden Sie zudem unter www.autostadt.de

Werkstour

Wer zuschauen möchte, wie der neue „Golf V" entsteht, kann mit der Panoramabahn an einer Werkstour teilnehmen. Mehrmals am Tag fahren die Bahnen hinter dem KonzernForum am Servicehaus ab.

Info

Autostadt, StadtBrücke, 38440 Wolfsburg, Fon 0800 288 67 82 38, service@autostadt.de, www.autostadt.de

Für Schüler, Lehrer und Klassen sind sowohl Seminare in der „WerkStadt" im ZeitHaus zu buchen als auch Module im MobilitätsDeck. Beratung Fon 05361 40 63 38, Fax 40 63 39, www.autostadt.de

Werkstour: Auskünfte am Informationsschalter der Piazza im Eingang der Autostadt sowie für Fachgruppen unter Volkswagen Konzernkommunikation, K-GK/K1, Besucherdienste, Brieffach 011/19761, 38436 Wolfsburg, Fon 05361 92 42 70, Fax 92 44 79, www.volkswagen.de

VW-WERK

Es gibt kaum einen Ort in Wolfsburg, von dem aus das größte Autowerk Europas nicht zu sehen ist. Allein die 1,5 Kilometer lange Werksfront in rotem Klinkerstein entlang des Mittellandkanals, unterteilt in 22 Abschnitte, ist einmalig. Sie steht unter Denkmalschutz. Die vier 125 Meter hohen Schlote des alten Kraftwerks nahe der Autostadt sind ein Wolfsburg-Symbol geworden.

Noch ein paar Superlative: 8 qkm ist das Werk groß. Davon sind 1,6 qkm überdachte Hallen – das ist 3,5-mal die Größe des Vatikans. 75 Kilometer Straßen befinden sich auf dem Gelände. Das Schienennetz weist 70 Kilometer auf. Neun Lokomotiven sind im Einsatz. Jede Nacht liefern etwa 550 Lastwagen Material an, es sind Rohstoffe, Teile aus anderen VW-Werken oder Versorgungsgüter. 480 Eisenbahnwaggons werden täglich abgefertigt.

VW-Werk
Das größte Autowerk Europas, in der Mitte links die Autostadt

VW-Werk
Autos „wie am Fließband" – jeden Tag 4000 Stück

Wird die volle Kapazität gefahren, entstehen jeden Tag im Wolfsburger VW-Werk 4000 Autos. Es sind: Golf und Golf Variant, Bora und Bora Variant, der Kompakt-Van Touran. Teile für andere VW-Werke werden gefertigt wie etwa Antriebsgelenkwellen oder Spritzteile. Mehr als eine halbe Million Autos verlassen das Werk im Jahr, mehr als 3,5 Millionen so genannte Komponententeile. Etwa 2400 Tonnen Stahlblech werden Werktag für Werktag gepresst, geformt, geschnitten. Die Bänder, an denen Teile oder Autos hängen, durchziehen die Hallen auf einer Gesamtlänge von 158 Kilometern. Gearbeitet wird bei der Montage in Teams mit meist 15 Mitarbeitern, die sich selbst organisieren müssen. Der Anteil der Roboter an der Fertigung steigt ständig. Es gibt meist drei parallele Fertigungslinien, so dass flexibel auf die Nachfrage reagiert werden kann oder auf Wartung und Umbau einer Linie.

Rund 50.000 Menschen arbeiten im Werk, das Zentrale für alle VW-Werke der Welt ist. Rund 20.000 Arbeiter sind mit der Produktion beschäftigt. In 27 Berufen wird ausgebildet. Hier sind auch Tausende von Ingenieuren mit der Forschung betraut, mit dem Test neuer Fahrzeuge und Antriebe sowie Zukunftsfragen. Neue Prototypen entstehen heute zunächst nur virtuell, also am Bildschirm. Im „digital mock-up" werden alle Details des neuen Autos bis hin zum Aschenbecher und der Polsterung künstlich sichtbar gemacht – und verändert. Das spart Geld, Zeit und Energie.

Doch den höchsten Ausstoß hat das VW-Werk nicht an Autos, sondern an Currywürsten. In der hauseigenen Fleischerei entstehen im Jahr mehr als eine Million der 25 Zentimeter langen, hellen Würste. Sie wurden schon mehrfach prämiert. In den Betriebsrestaurants werden sie gern gegessen, zusammen mit dem Volkwagen-Ketchup. Wenn Sie Glück haben, wird die Currywurst gerade in einem der Restaurants der Autostadt angeboten. Guten Appetit. Die Zentralkuche hat aber noch mehr zu bieten: 18 Tonnen Lebensmittel täglich werden verarbeitet, 31.000 warme Essen gekocht.

Noch ein kleiner Blick in die Vergangenheit: Von der am 28. Mai 1937 in Berlin gegründeten „Gesellschaft zur Vorbereitung des Deutschen Volkswagens mbH" als „Hauptwerk" in der Nähe von Fallersleben geplant und begonnen, sollte hier der von Ferdinand Porsche entwickelte Volkswagen in die Massenproduktion gehen. Das gleichnamige Werk, dessen Grundstein am 26. Mai 1938 in einer pompösen Feier von Adolf Hitler gelegt worden war, wurde nach seiner baulichen Fertigstellung im Spätsommer 1939 auf Rüstungsproduktion für die Luftwaffe umgestellt. Darüber hinaus liefen hier nach 1940 mehr als 60.000 Kübel- und Schwimmwagen für das Militär vom Montageband.

VW-Werk
Käfer-Prototyp von 1935 und ein Schwimmwagen aus Kriegszeiten

VW-Werk
Handarbeit 1947, 1948 übernahm Heinrich Nordhoff die Regie

Die Fabrik war zwar im Krieg schwer beschädigt worden, erhielt sich jedoch als einziges deutsches Autowerk die Produktionsfähigkeit. Zum Volkswagenwerk im eigentliche Sinne des Wortes machte die Britische Militärregierung die Fabrik. Colonel Charles Radclyffe und Major Ivan Hirst setzten sich bei ihren Vorgesetzten im August 1945 dafür ein, dem Volkswagenwerk einen Lieferauftrag über 20.000 Volkswagen Limousinen zu erteilen. Damit schufen sie die Basis, um den Volkswagen im Dezember in Serienfertigung herzustellen. Das war der Anfang des „Käfers" – Symbol des deutschen Wirtschaftswunders.

Als das Volkswagenwerk am 8. Oktober 1949 von den Briten in die Treuhänderschaft der Bundesregierung und in Verwaltung des Landes Niedersachsen übergeben wurde, hatte das Unternehmen unter seinem seit Januar 1948 wirkenden Generaldirektor Heinrich Nordhoff schon 10.000 Mitarbeiter und produzierte 4000 „Käfer" jeden Monat. Bis 1974 verließ er Wolfsburg in einer Stückzahl von 11.916.519. Danach wurde er noch bis 2003 in Mexiko weitergebaut. Seit Januar 1974 läuft der „Golf" vom Band. Bis Ende 2003 war die Stückzahl von 22,7 Millionen erreicht.

Übrigens: das Werk mit den meisten Telefonanschlüssen der Stadt hat die kürzeste Zentralnummer: 9-0. Nach der neun geht es allerdings fünfstellig weiter.

Info

Die Werks-Tour buchen Sie in der Autostadt. Für andere Anliegen: Volkwagen-Werk, Fon 05361 9-0, www.volkswagen.de

VW-Werk
50.000 Mitarbeiter – unterstützt von Computern und Robotern

THE RITZ-CARLTON

Das Fünf-Sterne-Hotel war das erste der internationalen Kette in Deutschland. Heute steht es da mit einer langen Reihe von Auszeichnungen. Wie ein offener Ring, ein Entwurf von Gunter Henn, liegt das Nobelhotel da. Es wurde von der Pariser Innenarchitektin Andrée Putman gestaltet. 174 Zimmer sind mit feinsten Stoffen bestückt. Halbrunde Schreibtische, ovale Turmmöbel für Fernseher, Fax, Telefon und Computer mit Fernbedienungsboard vom Bett aus gehören zum Standard. In dem Haus mit den zwei Luxussuiten haben schon viele internationale Stars, Politiker und Wirtschaftsmagnaten übernachtet. Im Keller gibt es ein „Kraftwerk", so nennt sich der Fitnessraum, von dem aus (beim Treten des Standfahrrads zum Beispiel) das alte Kraftwerk des VW-Werks zu sehen ist. Im Ritz-Carlton finden Sie auch Bilder des Wolfsburger Fotografen Heinrich Heidersberger. Schauen Sie einmal in das Hotel hinein, es lohnt sich, auch wenn Sie nur eine Kleinigkeit verzehren wollen.

Tipp

Restaurants Aqua und Vision sowie Lobby Lounge. Die internationale Spitzenküche ist mehrfach ausgezeichnet worden. Die Newman's Bar gilt als Treffpunkt von Prominenten. Sie gehört zu den zehn besten Hotelbars in Deutschland.

Info

The Ritz-Carlton, Stadtbrücke, 38440 Wolfsburg, Fon 05361 607000, www.ritzcarlton.com

THE RITZ-CARLTON
Vermutlich das einzige Nobelhotel auf einem Auto-Werksgelände

„TOUR DE WOLFSBURG"

B 188
Loewenfeld-weg
Schlossstr.
Alt
Museum
Wolfsburg
Schloss Wolfsburg
Landes-gartenschau 200
Oebisfelder Straße
Tor Ost
Landesgartenschau 200
AUTOSTADT
Volkswag Arena
BUS
Berliner Brücke
In den Allerwies
AUTOSTADT GeländeParcours
Hauptbahnhof
Phaeno
An der Vorburg
Maybach-weg
W.-Brandt-Platz
Heßlinger Str.
Rothen-felde
S.-Ehlers-Str.
Bahnhofs-passage
Porschestr.
A.-Volta-Str.
R.-Koch-Pl.
Kleiststr.
A.-Horch-Pass.
Heßlinger
VFL-Stadion
Rothenfelder Str.
Elster
Schiller-str.
H.-Bork-Platz
O.-Wels-Platz
Suhlgarten
Am Mühlen-gr.
Teichgarten
Mühlenpfad
Berliner Ring
Kiebitzw.
Pirolw.
Reislinger Str.
Rose
Tulpenw.

SPAZIERGANG: ARBEIT, SPORT UND SPIEL

Start: Hauptbahnhof, Ziel: Schloss Wolfsburg.
Zeitdauer ca. 2 Stunden.

Wir stehen im Hauptbahnhof. Er steht unter Denkmalschutz und ist schon deshalb sehenswert, weil er so flach ist. Der Schriftzug ist so charakteristisch, dass er sogar in Werbefilmen vorkommt. 1957 wurde der Bahnhof eröffnet, ab 1995 ergänzten die Wolfsburger Architekten Koller und Heitmann das Gebäude – der ICE kam.

Die schwarzen Kacheln stammen noch aus der Entstehungszeit. Die Schmetterlingsflügel über den Bahnsteigen und die Rasterfassade mit den gewellten Dächlein sind typische Merkmale der Nachkriegszeit, die sich noch am Bauhausstil orientierte. In der von Autos geprägten Stadt hielt der erste ICE am 27. September 1998 – eine kleine Sensation. Wolfsburg hatte hart um diesen Stop gerungen. 59 Minuten dauert die Fahrt in die Bundeshauptstadt, 35 Minuten nach Hannover.

HAUPTBAHNHOF
Symbole unter Denkmalschutz: Bahnhof und VW-Kraftwerk

In der Tourist-Information am Bahnhof finden Sie eine freundliche Auskunft. Dort erhalten Sie alle aktuellen Infos. Gegenüber steht das im Jahr 2000 eröffnete Cinemaxx. Doch das ist architektonisch ein Ausrutscher. Unser Weg führt deshalb schnell über den Willy-Brandt-Platz Richtung Autostadt am phaeno vorbei.

Über die Fußgängerbrücke geht es über den Mittellandkanal zur Autostadt. Die in Europa einzigartige Erlebniswelt mit einem Abholzentrum für Neuwagen und den beiden markanten Autotürmen ist eines der Höhepunkte beim Wolfsburg-Besuch.

Wir folgen am Nordufer dem Weg nach Osten am Mittellandkanal entlang und schauen zu, wie Interessierte am anderen Ufer auf dem Geländeparcours den „Touareg" Probe fahren. Dann unterqueren wir die Berliner Brücke. Wer Lust hat, kann

AUTOSTADT
Gegenüber der Innenstadt am Mittellandkanal gelegen

auch hinaufsteigen und gen Westen die 1,5 Kilometer lange Fassade aus roten Klinkern des VW-Werkes sehen. Auch sie steht unter Denkmalschutz. Der Blick auf Europas größte Autoschmiede ist einmalig. Im Vordergrund: die vier 125 Meter hohen Schornsteine des alten Kraftwerks.

Nun stehen wir vor der Volkswagen Arena. 30.000 Zuschauer finden in dem Fußballstadion Platz, das von der Stadt und dem VW-Werk je zur Hälfte bezahlt wurde. Gemietet hat es der VfL Wolfsburg, stärkster Verein der Stadt mit fast 5000 Mitgliedern. Im Dezember 2002 wurde die Arena fertig gestellt, in der auch Popkonzerte veranstaltet werden. Die Akustik ist gut, die Sicht auf den Tribünen auch. Die Dächer über den Sitzreihen sind durchscheinend. Das geplante Schiebedach über dem Rasen war allerdings doch zu teuer und wurde deshalb aus den Plänen wieder gestrichen. Am 11. Juni 1997 stieg der VfL Wolfsburg in die erste Fußball-Bundesliga auf – und alle hoffen, dass die „Wölfe" drin bleiben.

Weiter zum Allersee, durch den Allerpark mit vielen Spaß- und Spielangeboten, vorbei am Badeland, am Eispalast. Das Schloss ist zu sehen, der Endpunkt unseres Spaziergangs.

Das Schloss und der Schlosspark sowie der kleine Barock- oder Lustgarten sind als Ausklang dieses Spaziergangs prima geeignet.

Info

Das Stadion ist nur in Gruppen ab 15 Teilnehmern werktags zu besichtigen. Dauer 1 Stunde. Wolfsburg-Fußball GmbH, In den Allerwiesen 1, 38446 Wolfsburg, Fon 05361 8903123, fussball@vfl-wolfsburg.de

Tipp

Gasthaus Alter Wolf, Schlossstr. 21, Fon 05361 86560. Direkt am Schloss befindet sich das Café Schlossremisen, Fon 05361 867777.

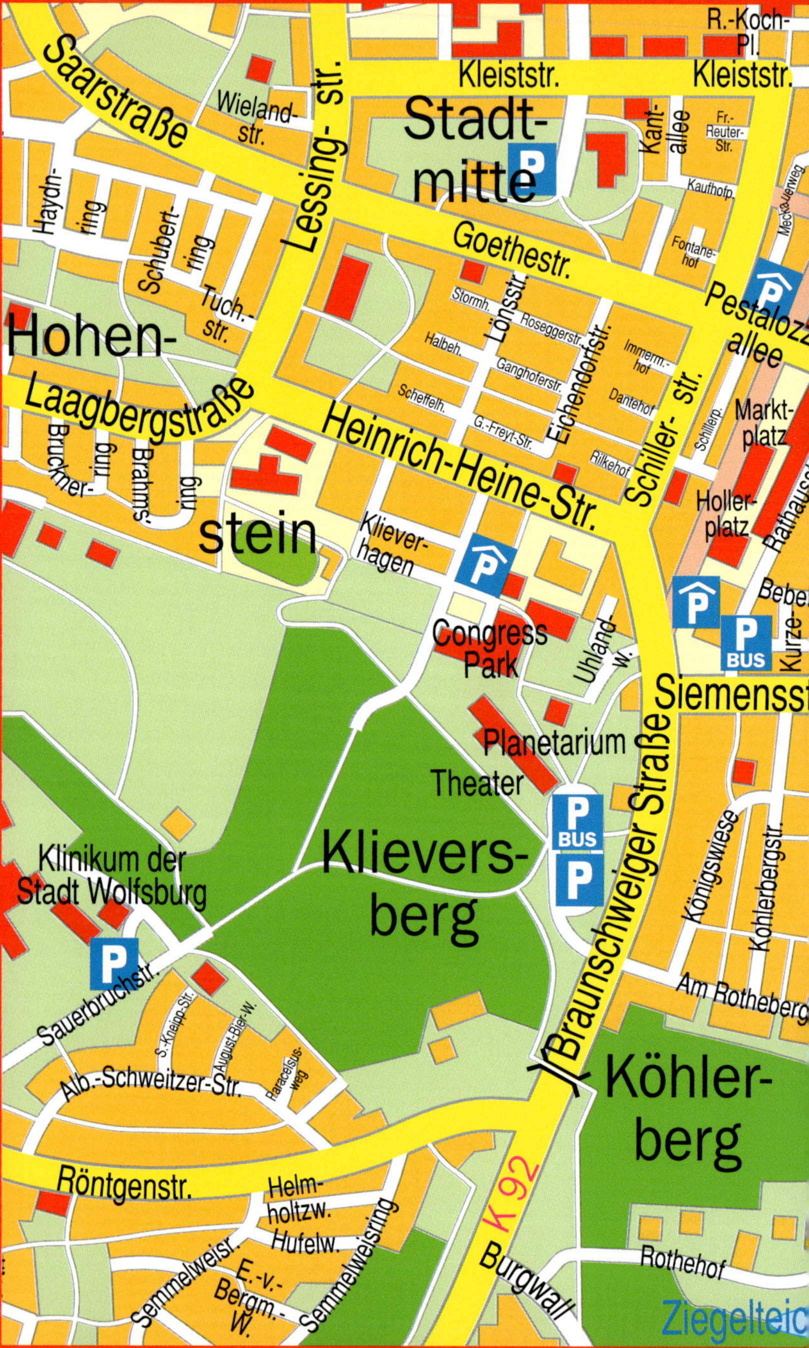

R.-Koch-Pl.
Kleiststr.
Kleiststr.
Saarstraße
Wieland-str.
Lessing-str.
Stadt-mitte
Kant-allee
Fr.-Reuter-Str.
Kaufhof
Meckauerweg
Haydn-ring
Schubert-ring
Goethestr.
Fontane-hof
Pestalozzi-allee
Tuch-str.
Stormh.
Lönsstr.
Roseggerstr.
Eichendorffstr.
Immerm.-hof
Hohen-stein
Laagbergstraße
Halbeh.
Ganghoferstr.
Dantehof
Schiller-str.
Schillerp.
Marktplatz
Scheffelh.
G.-Freyt.-Str.
Heinrich-Heine-Str.
Rilkehof
Bruckner-ring
Brahms-ring
Hollerplatz
Rathaus
Klieverhagen
Bebel
Congress Park
Uhland-w.
BUS
Kurze-
Siemensst
Planetarium
Theater
Braunschweiger Straße
Klinikum der Stadt Wolfsburg
Kliever-sberg
Königswiese
Köhlerbergstr.
Sauerbruchstr.
Am Rotheberg
S.-Kneipp-Str.
August-Bier-W.
Paracelsus-weg
Alb.-Schweitzer-Str.
Köhler-berg
Röntgenstr.
Helm-holtzw.
K 92
Hufelw.
Semmelweisring
Semmelweisr.
E.-v.-Bergm.-W.
Burgwall
Rothehof
Ziegelteic

SPAZIERGANG: ARCHITEKTUR WOLFSBURG KLASSIK

Start: Hauptbahnhof, Ziel: Heilig-Geist-Kirche
Zeit: 2 Stunden zu Fuß.

In der Stadt des Volkswagens lassen wir uns vor dem Bahnhof mal von einem VW-Bus abholen. Das City Mobil ist kostenlos und fährt tagsüber im Zehnminutentakt auf einer festen Route durch die Innenstadt. Wir steigen am Hauptbahnhof ein und vor dem Rathaus aus: Porschestraße. Das ist die Fußgänger-Einkaufs-Meile von Wolfsburg, war früher vierspurig mit Autos befahren und jetzt fast nur noch vom City Mobil.

Die Porschestraße bildet die Hauptblickachse, die Richtung Norden über die Autostadt bis zum Schloss führt. In der südlichen Richtung führt diese Linie weiter über den „Südkopf", der durch Kultur geprägt ist (Kunstmuseum, Theater, Congresspark, Bildungszentrum mit Volkshochschule) bis zum Klieversberg.

City Mobil
Flott und kostenlos durch die Innenstadt

Das Rathaus hat Titus Taeschner entworfen und 1958 seiner Bestimmung übergeben. Das Gebäudeensemble besteht aus vier Teilen. Drei Gebäudeteile symbolisieren die drei Gewalten: links die Justiz (das ehemalige Amtsgericht auf der anderen Straßenseite), in der Mitte die Legislative (der Ratssitzungssaal) und ganz rechts die Exekutive (das Verwaltungshochhaus). Dann verbindet ein zweigeschossiger, durchsichtiger Trakt (die Bürgerhalle) Ratssaal und Hochhaus. Es fällt durch seine Lochfassade auf.

Abgesehen vom Wolf im Türgriff am Haupteingang sind das Glockenspiel und das kleine Flugdach die besonderen Akzente des Hauses. Das Segel zeigt zum VW-Werk, dem Hauptgeldgeber der Stadt. Vielleicht drückt es die Hoffnung aus, dass von dort immer ein heftiger Geldstrom herüberweht. Sonst stünde in Wolfsburg keines dieser ehrgeizigen Projekte. Die Glocken spielen dazu stündlich „Lobet den Herrn" (wahrscheinlich vom VW-Vorstand) und „Kein schöner Land zu dieser Zeit". Rechts davon schließt sich die 1994 eröffnete Erweiterung des Rathauses an, ein langgestreckter, fünfgeschossiger Stahl-Glas-Bau.

Formschöner erscheint das 1962 eröffnete Alvar-Aalto-Kulturhaus im Vordergrund. Der finnische Architekt (1898 bis

KULTURHAUS
Einer von drei Bauten des Architekten Alvar Aalto in Wolfsburg

Esso-Tankstelle
1952 enstanden – jetzt steht sie unter Denkmalschutz

1976), der auch die Heilig-Geist-Kirche am Schluss unseres Spaziergangs entworfen hat, setzte hier einen angenehmen Akzent für einen Ort der Begegnung rund um einen zentralen Dachgarten. Die Stadtbibliothek im Haus ist sehenswert. Empfehlenswert ist das Bistro im Haus.

Das Kunstmuseum, nur wenige Schritte entfernt, ist *das* Museum für Gegenwartskunst in Deutschland und ebenfalls ein Publikumsmagnet. Planetarium, Grünanlagen und Theater schließen sich auf diesem Spaziergang an.

Doch zuvor sind zwei Kleinigkeiten zu bestaunen: Ein Häuschen aus gestapelten, leeren Plastikkästen für Wasserflaschen. Braun und Grün sind die Farben dieses Projekts, das zur Weltausstellung 2000 in Hannover hier in Wolfsburg entstand. Gegenüber am Kopf der Siemensstraße/Ecke Braunschweiger Straße steht eine Tankstelle unter Denkmalschutz. Das gibt es selten in Deutschland, in einer Stadt fürs Auto erscheint es naheliegend. Die Esso-Tankstelle entstand 1952 und gehörte zum Bebauungskonzept Klieversberg, den wir gleich zu sehen bekommen.

Unser Weg führt uns am Theater und seinem Parkplatz vorbei auf der Sauerbruchstraße hinauf zum 89 Meter hohen Klieversberg. Die Stadt liegt durchschnittlich auf einem Niveau von 60 Metern über dem Meeresspiegel, so dass sich von dort

Porschehütte
Hier wohnte der Konstrukteur des Käfers – zeitweilig

oben die Innenstadt, das VW-Werk und das gesamte nördliche Hinterland überblicken lässt.

Dazu gehen wir jetzt vorbei am Fernmeldeturm und biegen rechts ab Richtung Porschehütte (Sauerbruchstraße 9).

Nach einigen Metern rechts die Holzhütte von Ferdinand Porsche. Wenn der geniale Autokonstrukteur Porsche (1875 bis 1951) in Wolfsburg war, wohnte er meist hier oben, heute befindet sich hier eine Galerie.

Porsches Enkel Ferdinand Piëch kaufte die Hütte von der Stadt zurück. Piëch war vom 1. Januar 1993 an Vorstandsvorsitzender bei VW, bis sein Nachfolger Bernd Pischetsrieder am 16. April 2002 das Amt übernahm. Piëch rückte zum Vorsitzenden des Aufsichtsrats auf.

Porsche hatte schon zur Weltausstellung 1900 in Paris ein transmissionsloses Elektroauto konstruiert. Da war er 25 Jahre alt. 1923 wurde der in Maffersdorf in Böhmen geborene Porsche Generaldirektor im Daimler-Benz-Stammwerk Stuttgart-Untertürkheim. 1931 eröffnete er sein Ingenieurbüro in Stuttgart-Zuffenhausen (dem heutigen Porsche-Werk), wo damals 1000 patentierte Erfindungen entstanden.

Von Adolf Hitler bekam er den Auftrag, ein Auto für die Massen zu bauen, einen Volkswagen eben. Er sollte 100 Stundenkilometer schnell sein, wenig Benzin verbrauchen und nicht mehr als 1000 Reichsmark kosten. Porsche entwarf den Käfer mit seinem luftgekühlten Heckmotor. 1936 waren die ersten Versuchswagen fertig. Sie hießen „KdF-Wagen", KdF von „Kraft durch Freude", ein Ausdruck der Freizeitorganisation der Nationalsozialisten. Ein Platz für das größte Autowerk Europas – das sollte es schon damals werden – konnte gesucht werden.

Hier oben auf dem Klieversberg wollte der von Generalbauinspektor Albert Speer beauftragte Stadtplaner Peter Koller, der 1937 mit den ehrgeizigen Planungen für eine Stadt für 90.000 Einwohner begann, Parteibauten und öffentliche Institutionen mit einer bastionsartigen Umfassungsmauer platzieren. Wer heute ein paar Meter hinter dem Porschehaus am Mahnmal für die Kriegsopfer steht, kann nichts von dieser geplanten „Stadtkrone" erkennen, denn sie wurde nie gebaut.

Porsche blieb bis Anfang 1945 im Konzern, in dem während des Krieges Rüstungsgüter vom Geländewagen für die Armee bis zu Raketen gebaut wurden. Der 69-Jährige zog sich nach Zell am See in Österreich zurück, wurde von den Franzosen verhaftet und musste 20 Monate im Gefängnis verbringen. Danach lebte er bis zu seinem Tod in Stuttgart.

Entweder gehen Sie die Sauerbruchstraße hinunter bis zum Hochring/Röntgenstraße und biegen dann links ab oder durch die kleinen Straßen über die Albert-Schweitzer-Straße direkt zur Heilig-Geist-Kirche.

Hauptbahnhof
Phaeno
W.-Brandt-Platz
An der Vorburg
Maybach-weg
Heßlinger Str.
Rothenfelde
Heßlinge
S.-Ehlers-Str.
Bahnhofs-passage
Porschestr.
A.-Volta-Str.
R.-Koch-Pl.
A.-Horch-Pass.
Kleiststr.
VFL-Stadion
Rothenfelder Str.
O.-Wels-Platz
H.-Bork-Platz
Suhlgarten
Am Mühlen-gr.
Berliner Ring
Schiller-str.
Teichgarten
Mühlenpfad
Schleusenp.
Rosenw.
Pestalozziallee
Ebert-Str.
Windt-horststr.
Schiller-teich
K 92
Markt-platz
Stresem.S.
Enzia-w.
Holler-platz
Rathausstr.
Rathenau-plan
Friedrich-
Fichte-str.
Gr.Schiller-teich
W.-Flex-W.
Bebelstr.
An der Christus-kirche
BUS
Kurze-str.
Siemensstr.
Schule
Königswiese
Kohlerbergstr.
A.d.Rönnecke
Frauenteichstr.
Am kleinen Schillerteich
Kl.Schiller-teich
VW-Bad

SPAZIERGANG: DURCHS ALTE DORF

Start: Hauptbahnhof, Ziel: VW-Bad am Köhlerberg,
Zeit: etwa 1 Stunde zu Fuß.

In so einer neuen Stadt gibt es auch eine Traditionsinsel. Das sind die Überreste des Dorfes Hesslingen. Nicht mehr als fünf Gehminuten vom Hauptbahnhof entfernt (über die Heßlinger Straße zum Rothenfelder Markt) offenbart sich ein Blick in die Vergangenheit, der für Wolfsburg ungewöhnlich ist. Hier hat sich ein Kulturwinkel in Fachwerk entwickelt. Es lohnt sich, ihn anzuschauen, denn nach einem historischen Ortskern von Wolfsburg sucht man vergeblich. Immerhin steht hier das älteste Bauwerk der Kernstadt, die St. Annen-Kirche (sie wurde etwa 1250 gebaut, also wenige Jahre vor dem Schloss Wolfsburg). Sie wirkt wie ein stummer Fels im brandenen Verkehr.

Kleinkunst wird gekonnt im Galerie-Theater geboten. In einer ehemaligen Scheune ist die „Wolfsburger Figurentheater Compagnie" zu Hause, Fon 05361 276237. Dann stehen Sie vor dem Hirtenhaus, dem ältesten Wohnhaus der Stadt, 1685 erbaut. Wenn Sie mindestens zu acht sind, können Sie auch hinein und das Innenleben bei einer kostenlosen Führung erkunden, aber nur nach Voranmeldung bei seinem Besitzer und dessen Familie.

HIRTENHAUS
Wolfsburgs ältestes Wohnhaus von 1685

Viele der anderen Fachwerkhäuser des alten Dorfes wurden in den sechziger und siebziger Jahren abgerissen. Das Ziel, eine autogerechte Stadt zu bauen, hatte damals Vorrang. Erst Mitte der achtziger Jahre besann sich die Stadt darauf, welches Juwel sie schon zum Großteil zerstört hatte, um an der Stelle Platz für breite Straßen und einen Verkehrsknotenpunkt zu haben.

Erstmals wurde das Bauerndorf am Hasselbach am 17. Juni 1302 in einer Urkunde erwähnt. Es entstand an der alten Handelsstraße von Braunschweig in die Lüneburger Heide und in die Altmark.

Wer einmal sehen möchte, wie das alte Dorf Hesslingen 1899 aussah, braucht nur ins benachbarte Centro Italiano, Am Hasselbach 1, zu gehen. Hier steht ein liebevoll gebautes Modell mit allen Häusern, die es damals gab, einschließlich der Schillermühle. Bis Ende des 19. Jahrhunderts war Hesslingen ein reines Bauerndorf. Es gab eine Dreschmaschine, die von Hof zu Hof gebracht wurde. Bienen wurden gezüchtet und Schnaps gebrannt. Selbst 1933 hatte das Dorf noch 95 Hofstellen. Zwei davon hatten 20 bis 50 Hektar große Ländereien, die übrigen waren kleiner.

Jetzt können Sie in der ehemaligen „Scheune" mit dem heutigen Centro Italiano etwas ausspannen, sich bewirten lassen, das alte Fachwerk anschauen und vielleicht auch italienische Kultur genießen.

Nur wenige Schritte weiter steht das „Atelier Café". In diesem umgebauten Fachwerkhaus sind die Sonntagsbüfetts gut, die selbst gebackenen Kuchen unverwechselbar. Hier trifft sich junges und junggebliebenes Publikum im Sommer auch im Gartenteil des Lokals.

St. Annen-Kirche

Hinter den 1,5 Meter dicken Steinwänden der schlichten, weißen, romanischen Kirche mit Holzdecke herrscht Stille. „Hier fühlt man sich geborgen", sagt Pastor Wildrik Piper-Wendebourg liebevoll und lobt die Intimität des Kircheninneren.

HESSLINGEN
Heimat von Kleinkunst und St. Annen – ältestes Bauwerk der Stadt

Die acht farbigen Glasfenster von Prof. Wilhelm Rupprecht aus Fürstenfeldbruck von 1960 sind sehenswert. Sie zeigen den Sündenfall, die Versuchung Jesu, den guten Hirten, Kreuzigung, Auferstehung, das Pfingstwunder und Früchte des Heiligen Geistes sowie die Taufe. Ein Fenster spiegelt das Lebenswerk des Theologen E. Bammel wider. Er trug in Wolfsburg zum Aufbau des Diakonischen Werkes bei. Sechs Diakonissen bilden die Gestalt eines Baumstammes mit Krone. So versteht sich die Diakonie, als Baum, unter dem sich hilfsbedürftige Menschen zusammenfinden.

Jetzt gehen wir Richtung Süden am Amtsgericht vorbei, überqueren die Rothenfelder Straße, schreiten durch Am Mühlengraben zum Schillerteich-Center, das sich wie ein Kreuzfahrtschiff in die Kulisse schiebt. Eine Runde um den Großen Schillerteich dauert 15 bis 20 Minuten und gibt einen Eindruck davon, wie schön und angenehm es sich nur wenige Minuten von der Haupteinkaufsstraße entfernt wohnen lässt. Am Südufer befindet sich ein Fußgängertunnel unter dem Berliner Ring hindurch. Auf der anderen Seite sind wir schnell am VW-Bad, dem Endpunkt dieses kleinen Spaziergangs. Das Freibad wurde von Volkswagen gestiftet.

Info

Hirtenhaus, Hermann Kracht, Am Hasselbach 3, Fon 05361 17774.

Centro Italiano, Am Hasselbach 1, Fon 05361 14674.

Atelier Café, An der St. Annen-Kirche, 38440 Wolfsburg, Fon 05361 12219, www.ateliercafe.de

Von Ende April bis September von 16 bis 18 Uhr ist die St.-Annen-Kirche geöffnet. Über die Tourist-Information am Bahnhof lassen sich zu jeder Zeit Gruppenbesichtigungen buchen. Auch der Pastor der Gemeinde ist sehr auskunftsfreudig, Fon 05361 54419. Kirchenführer im Kirchenladen erhältlich.

SPAZIERGANG: DIE ITALIENISCHE REISE

Start: „Piazza Italia", das ist die Ecke Goethestraße/ Schillerstraße, Ziel: Centro Italiano in Alt-Hesslingen
Zeit: 1 bis 2 Stunden, auch für den Abend geeignet

Die „Piazza Italia" werden Sie im Stadtplan nicht finden, aber das östliche Ende der Goethestraße und der Kreuzungsbereich zur Schillerstraße wird in Wolfsburg so genannt. Ein Straßenschild mit dem neuen Namen soll es bald geben. Hier beginnen wir unseren (kulinarischen) Weg. Dort ist das Vini d'Italia zu finden, das Eiscafé Italia oder das Haar Atelier Massimo. Im Gegensatz dazu steht an einer Kreuzungsecke die Altdeutsche Bierstube, das älteste Bierlokal der Stadt: 1942 eröffnet. Daneben befindet sich eine Museumswohnung aus der Frühzeit Wolfsburgs, die aber nur bei einer Stadtführung der Tourist-Information gezeigt wird.

Gehen Sie dann ins italienische Kulturbüro, Goethestraße 52. Dort hängen Bilder, die vom ersten italienischen Leben in der Stadt zeugen. In dem Haus lassen sich noch mehr Anregungen holen: Hinweise zu Vorträgen und Veranstaltungen zum Thema, die oft voller Witz gestaltet sind.

Gehen Sie dann auf die andere Straßenseite und achten Sie auf die verbreiterten Fußwege. Dieser Teil der Goethestraße wurde Ende 2003 für 1,4 Millionen Euro umgestaltet, damit hier ähnlich einer italienischen Piazza südländisches Flair wehen kann. Gehen Sie in eines der italienischen Lokale, wo die italienischen Fahnen wehen. Die „Trattoria Incontri" empfiehlt sich (Goethestraße 53-55, Fon 05361 437254).

Von dem italienischen Flair Wolfsburgs wollen wir auf diesem Spaziergang etwas aufsaugen. 5780 Italiener leben heute in der Stadt, die 122.149 Einwohner hat. Das ist ein Anteil von 4,7 Prozent. Es ist mit Abstand die größte Gruppe von Ausländern, die hier lebt. Sie wurden als Gastarbeiter angeworben. Die ersten kamen am 17. Januar 1962 auf dem Bahnhof an, im Winter also. Nicht nur das Klima war fremd, auch die Umgebung, denn viele hatten ihre Heimat im armen Süden Italiens, einige in Rom, wenige im Norden. Ende 1962 waren schon 3188 Italiener im Wolfsburger VW-Werk beschäftigt. Sie wohnten im „italienischen Dorf". Es bestand aus zweistöckigen Holzhäusern einfacher Bauart. Sie standen in der Nähe der heutigen Volkswagen Arena und des Allerparks. 5000 Betten waren darin untergebracht. Es gab einen Zaun und Wachschutz, weshalb die Italiener schlicht von „Lager" sprachen. Das hörten die Wolfsburger natürlich gar nicht gern. 1977 wurde die Siedlung abgerissen.

Eugenio Moreschi lebt seit 1964 in Wolfsburg. Der Mann aus Rom sagt: „Ich dachte, ich würde nach sechs Monaten sofort zurückkehren. Jedoch vergingen sechs Monate, ein Jahr, zwei Jahre. Heute sind wir immer noch hier. Meine zwei Töchter leben hier, also bleiben wir auch."

Viele blieben bis in diese Tage unter sich. Diese erste Generation lernte oft nur wenig Deutsch. Heute integrieren sich die meisten. Nach 1973, als die Anwerbung für alle Ausländer

„ITALIENISCHES DORF"
1970: Gemeinsames Pastakochen in den Unterkünften

„Italienisches Dorf"
1964: Nicht alleine in der fremden, neuen Heimat

offiziell beendet wurde, kamen nur noch wenige Italiener. Doch sie alle haben ihre Kultur mitgebracht. 1985 wurde das italienische Kulturinstitut gegründet. Theater, Ballett, Musik, Kunst, Vorträge und Seminare an der Volkshochschule (von „Sport im antiken Rom" bis „Migranten/innen in Wolfsburg") – die italienischen Einflüsse sind vielfältig.

Gehen wir nun auf der Schillerstraße einige Meter nach Norden. Dann taucht links der „Kaufhof" auf. Dies ist eine nur wenige hundert Meter lange Amüsiergasse in Wolfsburg. Hier können Sie Pizza essen, wieder einen Cappuccino trinken oder Cocktails in der „Wunderbar" oder im „Lupus". Fußballspiele sind auf Fernsehschirmen in den Lokalen live zu sehen. Wenn Wolfsburg auswärts spielt, wird es voll hier. Beim Heimspiel sind die Stühle leer, weil die Wolfsburger dann in der Volkswagen Arena sitzen.

City Galerie
Bummeln und EInkaufen unter Glas

Als nächstes bietet sich ein Schlenker auf die Porschestraße an, denn hier sind wieder Eiscafés zu finden – für den nächsten Cappuccino. Die neue City Galerie strotzt von Geschäften. Das Denkmal heulender Wölfe ist ein hübscher Treffpunkt für Verabredungen. Das Café Cadera gehört zu den Wolfsburg-Klassikern und ist einen Besuch wert.

Zum Abschluss der kleinen italienischen Reise gehen wir von der Porschestraße Richtung Osten. Die Rothenfelder Straße führt uns links vom Amtsgericht in den Rothenfelder Markt. Hier ist der älteste Teil Wolfsburgs. Wir sehen zunächst hinter der kleinen Brücke über den Hasselbach das älteste Wohnhaus Wolfsburgs: das Hirtenhaus von 1685. Dahinter befindet sich schon unser Ziel, das „Centro Italiano".

Ursprünglich befand sich das „Centro Italiano" dichter am VW-Werk, in der Heinrich-Nordhoff-Straße 69. Hier trafen sich die Italiener meist nach der Arbeit. Hier wurde gefeiert und geredet. Nordhoff, nach dem diese Straße benannt ist, wurde im Januar 1948 der erste deutsche VW-Chef nach dem Krieg. Er pflegte eine enge Verbindung zum Vatikan, weshalb mit dessen Unterstützung die Anwerbung der italienischen Arbeiter erst möglich wurde.

Info

Italienische Konsularagentur, Istituo di Cultura, Kulturabteilung, Goethestraße 52, 38440 Wolfsburg, Fon 05361 298010, www.iic-wolfsburg.de

In der alten „Scheune": Centro Italiano, Am Hasselbach 1, Fon 05361 14674.

Tipp

Die Diskothek „Nachtschicht" auf der Porschestraße 32/Ecke Kleiststraße: www.nachtschicht-wolfsburg.de

City Galerie

Auch an Märchenfreunde ist gedacht

77
Steimker Berg
Köhlerberg
68
75
76
Krummer Teich
Frauenteich
Heidberg
84
Holzchaussee
83
Hasselbach
Nordsteimke
Windmühlerberg
Wasserwerk Wolfsburg
11
93
93
Hasselbachstr.
101
Hasselbac
Waldho
108
Barnstorf
110
Hattorfer Holz
str.
Forsthausw.
Forsthaus Waldhof
P

SPAZIERGANG: DER LIBELLE NACH DURCH DAS HASSELBACHTAL

Start und Ziel: VW-Bad, Zeit etwa 3 Stunden,
Länge: 12 Kilometer

Dies ist eine kleine Rundwanderung, die sich zu jeder Jahreszeit machen lässt. Sie führt durch das Hasselbachtal. Das ist die reizvollste Grünzone Wolfsburgs. Sie breitet sich südlich der Stadt aus. Die Brunnen- und Quellwanderung führt auf dem Wasserlehrpfad durch eine Bachlandschaft. Eine Libelle dient als Symbol. Die Wege sind gekennzeichnet und weitgehend flach.

Zwischen Lärchen, Fichten, Kiefern und Laubbäumen findet sich der Brunnen zum Kaiserstuhl. Er besteht aus Lavagestein, Trinkwasser sprudelt heraus. Viele Quellen warten auf den Wanderer, so dass er auch an heißen Tagen hier bestens mit kühlen Nass versorgt ist. Findet er schließlich die „Drei Steine“, ist das Ende nahe. Die 170 Millionen Jahre alten Sandsteine, die schnell verwittern und so ihre Gestalt ständig ein wenig verändern, liegen dicht am VW-Bad.

Info

Faltbroschüre zur „Brunnen- und Quellwanderung“ bei der Tourist-Information am Bahnhof.

HASSELBACHTAL
Südlich der Stadt liegt die reizvollste Grünzone Wolfsburgs

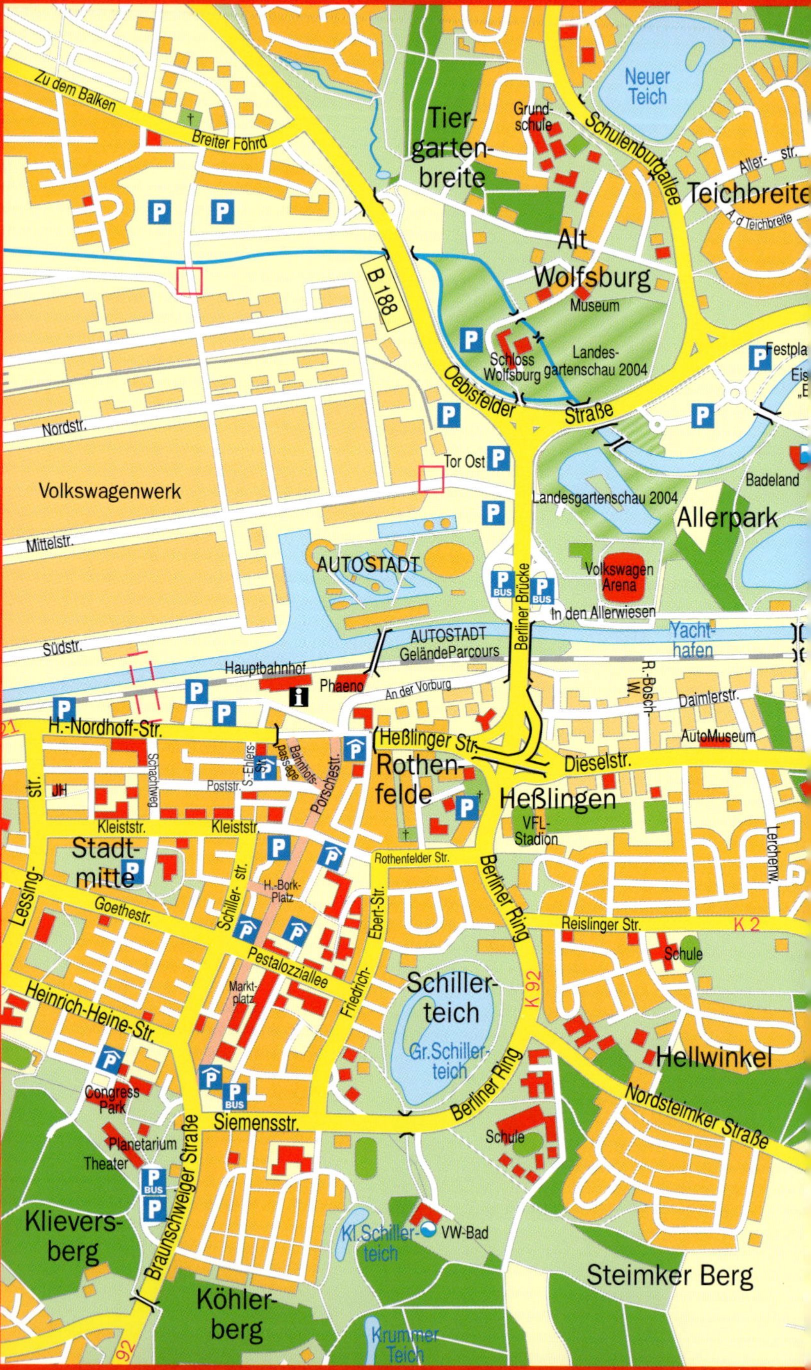
Zu dem Balken
Breiter Föhrd
Tier-
garten-
breite
Grund-
schule
Neuer
Teich
Schulenburgallee
Aller-str.
Teichbreite
A.d.Teichbreite
Alt
Wolfsburg
Museum
B 188
Schloss
Wolfsburg
Landes-
gartenschau 2004
Festpla
Oebisfelder
Straße
Nordstr.
Tor Ost
Volkswagenwerk
Landesgartenschau 2004
Badeland
Allerpark
Mittelstr.
AUTOSTADT
Volkswagen
Arena
Berliner Brücke
In den Allerwiesen
BUS
Südstr.
AUTOSTADT
GeländeParcours
Yacht-
hafen
Hauptbahnhof
Phaeno
An der Vorburg
R.-Bosch-W.
Daimlerstr.
H.-Nordhoff-Str.
Heßlinger Str.
AutoMuseum
Dieselstr.
Schachtweg
S.-Ehlers-Str.
Bahnhofs-passage
Porschestr.
Rothen-
felde
Heßlingen
Poststr.
JH
Kleiststr.
Kleiststr.
VFL-
Stadion
Lerchenw.
Stadt-
mitte
Rothenfelder Str.
Lessing-str.
Goethestr.
Schiller-str.
H.-Bork-Platz
Ebert-Str.
Berliner Ring
Reislinger Str.
K 2
Schule
Pestalozziallee
Markt-
platz
Friedrich-
Schiller-
teich
K 92
Heinrich-Heine-Str.
Gr.Schiller-
teich
Hellwinkel
Congress
Park
Berliner Ring
Nordsteimker Straße
Siemensstr.
Schule
Planetarium
Theater
Braunschweiger Straße
Klievers-
berg
Kl.Schiller-
teich
VW-Bad
Steimker Berg
Köhler-
berg
Krummer
Teich
92

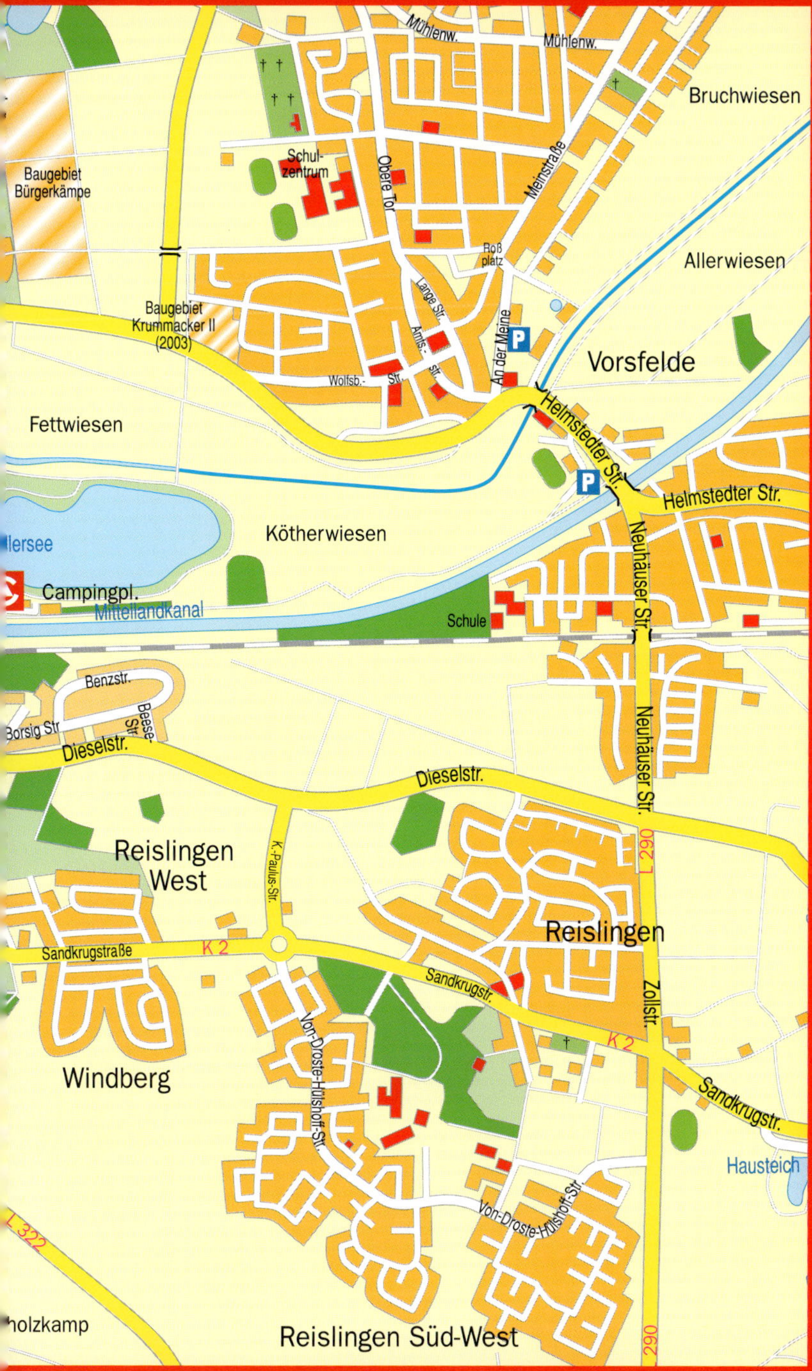
Mühlenw.
Mühlenw.
Bruchwiesen
Schul-
zentrum
Obere Tor
Meinstraße
Baugebiet
Bürgerkämpe
Roß
platz
Allerwiesen
Lange Str.
Baugebiet
Krummacker II
(2003)
Amts-
str.
An der Meine
Vorsfelde
Wolfsb.-
Str.
Fettwiesen
Helmstedter Str.
Helmstedter Str.
Neuhäuser Str.
Kötherwiesen
llersee
Campingpl.
Mittellandkanal
Schule
Benzstr.
Beese-
Str.
Borsig Str
Dieselstr.
Dieselstr.
Neuhäuser Str.
L 290
Reislingen
West
K.-Paulus-Str.
Reislingen
Sandkrugstraße
K 2
Sandkrugstr.
Zollstr.
K 2
Von-Droste-Hülshoff-Str.
Windberg
Sandkrugstr.
Hausteich
Von-Droste-Hülshoff-Str.
L 322
holzkamp
Reislingen Süd-West
290

AUTOTOUR:
DURCH DIE STADT UND ÜBER DIE DÖRFER

Start: Tunnelschänke am VW-Tunnel Nähe Hauptbahnhof. Ziel: Vorsfelde. Zeit: je nach Lust und Laune 1 bis 3 Stunden mit dem eigenen Auto. Vielleicht danach zur Naherholung in den Drömling.

Am Parkplatz bei der Tunnelschänke. „Bei Bruno" legen auch manche VW-Arbeiter einen Stopp ein.

Wir aber haben nur 24 Stunden Zeit, deshalb starten unsere Autotour sofort Richtung Westen (Heinrich-Nordhoff-Straße). Biegen Sie nach etwa 3 km rechts ab in die Major-Hirst-Straße. Willkommen im Forum AutoVision, dem Wolfsburger Innovationszentrum.

Auf der Hauptstraße fahren wir weiter Richtung Westen nach Fallersleben, später Wolfsburger Landstraße. Hier gehen Sie durch die schöne Innenstadt zu Fuß (Hoffmann-von-Fallersleben-Museum) oder fahren über die Erich-Netzeband-Straße und Frankfurter Straße nach Westhagen sowie Detmerode.

VW-Tunnel
Zugang ins VW-Werk

FALLERSLEBEN
Hoffmann-von-Fallersleben-Museum in der sehenswerten Altstadt

Dann geht es zurück über die Braunschweiger Straße Richtung Innenstadt. Nach 3 km bitte links in die Röntgenstraße (Gemeindezentrum Heilig-Geist).

Zurück zur Braunschweiger Straße Richtung Innenstadt (links die Esso-Tankstelle von 1952 steht unter Denkmalschutz), wir aber biegen rechts ab, fahren über Siemensstraße und Berliner Ring. Jetzt bitte wieder rechts (gegenüber vom Schillerteich) in die Nordsteimker Straße. Wenn Sie dann erneut rechts abbiegen, sehen Sie das Viertel Steimker Berg. Die Mehrfamilienhäuser mit Gärten wurden 1938 bis 1940 für Führungskräfte und Angestelltenfamilien gebaut.

Auf der anderen Seite der Nordsteimker Straße (parken an der Tankstelle) und gehen ein Stück den Anemonenweg zum Diakonie-Hochhaus (Anemonenweg 16). Im 16. Stock genießen Sie den Weitblick im „Café Schau ins Land".

Steimker Berg
In den 40er Jahren erbautes Viertel für Führungskräfte und Familien

Jetzt geht´s über die Dörfer: Nehmen Sie die Nordsteimker Straße stadtauswärts nach Nordsteimke zum Heinrich-Büssing-Museum und zur Kirche in Hehlingen. Dann wieder Richtung Norden auf der Zollstraße Richtung Vorsfelde, unserem Endpunkt.

Rechts liegt das Dorf Neuhaus, das können Sie kurz besuchen. Die Burg Neuhaus und der angrenzende Hausteich sind sehenswert.

Nun fahren Sie über die Sandkrugstraße zurück zur Zollstraße und auf ihr Richtung Norden. Sie unterqueren die ICE-Strecke und fahren über den Mittellandkanal. Dann sind Sie schon in Vorsfelde, mit mehr als 12.000 Einwohnern der größte Stadtteil Wolfsburg. Parken sollten Sie hier vielleicht in der

VORSFELDE
Schöne Fachwerkhäuser, das Imkersche Haus (oben) von 1590

Straße „An der Meine". In der Innenstadt könnte es eng werden. Aber genau dahin gehen Sie nun zu Fuß. Schauen Sie sich um. Sie finden den Eber als Wahrzeichen Vorsfeldes. Sie sehen schöne Fachwerkhäuser, die meisten haben Naturstein als Bestandteil. Das älteste Wohnhaus ist das Imkersche Haus von 1590, das hübsch restauriert ist.

Info

www.vorsfelde-live.de. Auskünfte erhalten Sie auch bei der Tourist-Information am Wolfsburger Hauptbahnhof.

Sehenswert: Petrikirche aus dem 12. Jahrhundert.

Naherholung pur gibt es im nahegelegenen Drömling.

EXTRA-TIPP
FORUM AUTOVISION: DIE ZUKUNFTSSCHMIEDE

Das Forum AutoVision ist im Stadtplan eingezeichnet: Sie finden das moderne Gebäudeensemble aus Stein, Holz, Metall, Glas, Weidengeflecht und weiteren Stoffen am westlichen Ende der Heinrich-Nordhoff-Straße, dann rechts in die Major-Hirst-Straße ab. In den runden „Blickfang" – das Atrium gehen Sie einfach hinein.

Die Gebäude zusammen ähneln von oben gesehen im Grundriss einem Computerchip. Die Ideenschmiede mit 27.000 Quadratmetern Nutzfläche ist Heimat der Wolfsburg AG und vieler weiterer Firmen, die sich mit Mobilität, Informationstechnologie, Gesundheit und Freizeit befassen. Eigentümer ist die Wolfsburg AG. Diese AG haben die Stadt und VW gemeinsam Mitte 1999 gegründet. Das Ziel: Die Wirtschaftskraft nachhaltig stärken.

– Ein InnovationsCampus fördert Unternehmensgründungen, bringt Ideen mit Kapitel und Erfahrungen zusammen.

– Die LieferantenAnsiedlung widmet sich der gezielten Ansiedlung von Zulieferfirmen sowie Entwicklungs- und Ingenieurbüros.

– Die ErlebnisWelt setzt ganz auf Freizeit, Unterhaltung und Kurzurlauber.

– Eine PersonalServiceAgentur vermittelt und qualifiziert Personal für alle Bereiche.

– Im Health Project werden die Themen Gesundheit, Nachhaltigkeit und Wirtschaft „verarztet".

Info

Wolfsburg AG I Kommunikation, Major-Hirst-Straße 11, 38442 Wolfsburg, Fon 05361 897-0, www.wolfsburg-ag.com

TIPPS FÜR AUSFLÜGE IN DIE UMGEBUNG

BRAUNSCHWEIG

Steigen Sie mitten in der Innenstadt, die vom Umflutungsgraben umgeben ist, auf den Rathausturm. Das sind 161 Stufen. Dann erkennen Sie vom 63 Meter hohen Turm, was Ihnen von der Stadt, die doppelt so viele Einwohner zählt wie Wolfsburg, so zu Füßen liegt. Sollte das nicht möglich sein, fragen Sie bei der Tourist-Information. Die befindet sich gleich um die Ecke am Burgplatz (Vor der Burg 1). Dort sind vielfältige Stadtführungen zu buchen.

Zur Zeit der Aufklärung wurde 1745 das Collegium Carolinum gegründet, Grundstein für die heute älteste Technische Universität in Deutschland. Etwa 15.000 Studenten sind an der Carolo-Wilhelmina eingeschrieben.

Besuchen Sie das Herzog Anton Ulrich-Museum. Es ist eines der großen Kunstmuseen Europas und das älteste öffentlich zugängliche Museum Deutschlands. Gemälde von Rembrandt, Rubens, van Dyck, Cranach, Holbein sind zu sehen, ebenso Skulpturen, Tausende von Druckgrafiken und Zeichnungen.

BRAUNSCHWEIG
Burg Dankwarderode und Braunschweiger Löwe im Stadtzentrum

Braunschweig
Altstadtmarkt mit Brunnen, Rathaus und St. Martini

Info

Städtischer Verkehrsverein Braunschweig, Vor der Burg 1, 38100 Braunschweig, Fon 0531 27 35 5-0
tourist-service-braunschweig@t-online.de, www.braunschweig.de

Herzog Anton Ulrich-Museum, Museumstr. 1, Fon 0531 12 25-0

Burg Dankwarderode, Burgplatz, Fon 0531 12 25-0

Tipp

Lernen Sie die Stadt im Kanu kennen oder auf dem Floß oder im Spreekahn. Abfahrt Kennedyplatz. Platzreservierungen
Fon 0531 270 27 24, www.bootsstation.de
sowie mit dem Kanu auf der Oker, Helmholtzstr. 5, Fon 05331 52925, abenteuer@boots-touren.de, www.boots-touren.de

DRÖMLING

Lust auf Moor? Dann schauen Sie sich das größte Niedermoorgebiet Deutschlands an: den Drömling. Er ist ideal für Wanderungen und Rad- oder Kutschausflüge.

Dazu fahren Sie mit dem Auto auf der B 188 von Wolfsburg nach Osten über Velpke bis Oebisfelde in Sachsen-Anhalt. Von dort gibt es zwei Möglichkeiten: Richtung Norden zur neuen Informationsstelle Buchhorst (Thema: Wasserbewirtschaftung) und dann weiter zur Drömlingausstellung im Schloss Kunrau. Oder Sie fahren über Rätzlingen, Etingen und Wegenstedt zum Informationshaus Kämkerhorst. Das Informationshaus erreichen Sie auch über die B 188, Richtung Stendal. Verlassen Sie die B 188 in Mieste und biegen Sie in der Ortschaft die erste Straße rechts ab. Folgen Sie der Beschilderung, nach etwa sechs Kilometern stehen Sie vor dem Informationshaus.

Hier finden Sie ein Schaugelände sowie einen Naturlehrpfad. Dies ist auch der Treffpunkt für viele Wanderungen der Naturparkverwaltung. Rastvögel, Wiesenbrüter, Fledermäuse, Biber – alles steht auf dem Programm.

Info

Termine unter www.naturpark-droemling.de. Es werden auch Übernachtungstipps gegeben sowie Führungen zur Umweltbildung veranstaltet. Kremserfahrten lassen sich buchen. Naturparkverwaltung Drömling, Bahnhofstr. 32, 39646 Oebisfelde, Fon 039002 85 00 sowie 850 11, naturparkverwaltung@naturpark-droemling.de, www.naturpark-droemling.de

Tipp

Kremserfahrten buchen, auf dem Radrundkurs Altmark radeln und „Urlaub auf dem Bauernhof" im Naturpark genießen: Kolonie Krügerhorst 2, Fon 039082 557, Kolonie Hopfenhorst, 39649 Mieste, Fon 039082 455.

Drömling
Das größte Niedermoorgebiet Deutschlands

TIERPARK ESSEHOF

Etwa 15km fahren Sie von Wolfsburg aus Richtung Süden, um den Tierpark Essehof über Flechtorf und Lehre zu erreichen. Er ist auch nicht weit von der Autobahnabfahrt Lehre/Braunschweig-Ost der A2 entfernt. Nehmen Sie die Abfahrt Lehre und folgen der B 248 in Richtung Lehre bis zur Ausschilderung des Tierparks. Vor der Tür können Sie kostenlos parken.

Info

Tierpark Essehof, Am Tierpark 3, 38165 Lehre-Essehof, Fon 05309 88 62, rollstuhlgerechte Wege, www.tierpark-essehof.de

GIFHORN

Wenn Sie von Wolfsburg kommen und über Fallersleben, Calberlah und Isenbüttel nach Gifhorn fahren, biegen Sie zunächst zum Tankumsee ab: Entspannen, Boot fahren und Kaffee trinken. Nicht verpassen dürfen Sie das Internationale Mühlen-Freilichtmuseum. Es ist in Westeuropa einmalig. Auf rund 100.000 qm stehen 15 Originalmühlen, etwa aus Griechenland und Portugal oder Spanien. In der schottische Windmühle aus Dumfries gibt es eine Besonderheit: Dort werden Heiratswillige getraut. 40 Wind- und Wassermühlen aus aller Welt sind als Modelle in der Ausstellungshalle zu sehen. Im Mittelpunkt sind drei niedersächsische Fachwerkhäuser um einen Dorfplatz gruppiert. Streuselkuchen oder frisches Brot aus dem Steinbackofen müssen Sie probieren.

GIFHORN
Das Internationale Mühlenmuseum – Schauen, Essen, Heiraten

GIFHORN
„Die Brücke" bietet russisches Flair in Niedersachsen

Der nächste Besuch sollte dem Kulturinstitut „Die Brücke" gelten. Das imposante Gebäude liegt nicht weit von hier an der Ise. „Die Brücke" dient der Förderung des internationalen Kunsthandwerks und ist einem Kloster im altrussischen Baustil mit Türmen und Kuppeln nachempfunden. Im September 1996 übernahm Michail Gorbatschow die Schirmherrschaft für das europäische Institut. Die Gorbatschow Stiftung zeigt in der „Brücke" kulturelle Ausstellungen und öffnet dort ihre Archive.

Info

Geöffnet ist das Mühlenmuseum täglich (Dez–März Winterpause). Gruppen bitte anmelden unter Fon 05371 554 66.

Gifhorn Tourismus GmbH, Marktplatz 1, 38518 Gifhorn, Fon 05371 881 75, www.muehlenmuseum.de, www.institut-diebruecke.de, www.gifhorn4u.de

Tipp

Übernachten Sie in einem historischen Kornspeicher. Dazu gibt es ein rustikales Heidjerfrühstück. Eine Pauschale lässt sich im Tourismusbüro buchen. Oder Sie wenden sich an den „Lindenhof", Krümmeweg 1, 38518 Gifhorn-Wilsche, Fon 05371 718 58. Besuchen Sie mit Kindern das Otterzentrum Hankensbüttel, nördlich von Gifhorn (siehe Service-Teil).

HELMSTEDT

Unterschätzen Sie diese Stadt nicht: Helmstedt war Hanse- und Universitätsstadt. Die Doppelkapelle St. Petrus und St. Johannes sind Glanzpunkte, die zu den ältesten Bauwerken Niedersachsens zählen. Die Ursprünge gehen auf das Jahr 1000 zurück. Holen Sie sich beim Tourismusamt der Stadt im Rathaus am Marktplatz die Broschüre „Rundgang durch die Altstadt". Das Glockenspiel vom neugotischen Rathaus (1904-1906 erbaut) erklingt viermal täglich. Was für ein Auftakt für den Besuch!

Helmstedt-Marienborn – das lassen sich einstige Transitreisende nach West-Berlin noch auf der Zunge zergehen. Damals, als es die DDR noch gab, wurden an diesem Grenzübergang die Autos und die Reisenden streng kontrolliert. 1000 Mitarbeiter schoben hier Dienst. Am 30. Juni 1990 um Mitternacht wurden die Kontrollen eingestellt. Heute ist in der Gedenkstätte Deutsche Teilung Marienborn das Innenleben des einst größten europäischen Kontrollpunktes zwischen West und Ost noch zu sehen und sogar zu erleben.

Info

Stadt Helmstedt, Rathaus, Markt 1, 38350 Helmstedt, Fon 05351 17-333, Fax 17-370, www.stadt-helmstedt.de
Zonengrenzmuseum, Südertor 6, 38350 Helmstedt, Fon 05351 1211133.
Gedenkstätte Deutsche Teilung Marienborn, Fon 039406 92090, www.grenzdenkmaeler.de

KÖNIGSLUTTER
Kaiserdom

KÖNIGSLUTTER

Nur etwa 20 Kilometer von Wolfsburg entfernt treffen Sie südlich der Autobahn Hannover-Berlin (A2) auf Königslutter. Es ist eine Kleinstadt mit Fachwerkcharme, von der aus Sie auch bald zu herrlichen Wanderungen durch den Naturpark Elm-Lappwald aufbrechen können.

Die Stiftskirche des ehemaligen Benedektinerklosters Königslutter – jetzt Kaiserdom genannt, obwohl hier nie ein Bischof seinen Sitz hatte – ist einer der wichtigsten romanischen Gebäude in Niedersachsen. König Lothar von Deutschland (ab 1125) wird von Papst Innozenz 1133 zum Kaiser gekrönt und legt zwei Jahre später hier den Grundstein zu diesem Wahrzeichen Königslutters. Kaiser Lothar III., wie er dann hieß, stammte aus der Nachbarschaft, aus Süpplingenburg, und wollte sich deshalb hier mit einem großen Bau verewigen.

Naturpark Elm-Lappwald

Nutzen Sie das Faltblatt „Unterwegs im Naturpark Elm-Lappwald", vier Routen von jeweils mehr als 110 Kilometern mit dem Auto – vielleicht unterbrochen von Wanderungen und Besichtigungen. Der Naturlehrpfad Reitling beginnt am Parkplatz der Gaststätte Reitling.

Info

Stadt Königslutter, Fremdenverkehrsamt, Am Markt 1, 38154 Königslutter am Elm, Fon 05353 912-129, www.koenigslutter.de

Femo, Vor dem Kaiserdom 4, 38154 Königslutter, Fon 05353 3003

Geopark-Informationszentrum, An der Stadtkirche 1, 38154 Königslutter, Fon 05353 913235 oder 3003, www.geopark-braunschweiger-land.de, www.planet-erde.de

Fremdenverkehrsgemeinschaft Elm-Lappwald, Geschäftsstelle beim Landkreis Helmstedt, Südertor 6, 38350 Helmstedt, Fon 05351 1211444 oder 1211440, www.helmstedt.de

SALZGITTER

Mit 224 Quadratkilometern gehört Salzgitter heute zu den größten Städten Deutschlands. Selbst so eine Metropole wie Düsseldorf hat acht Quadratkilometer weniger zu bieten. Doch die 31 Stadtteile Salzgitters liegen etwas verstreut. Viele haben sich eine charmant dörfliche Struktur erhalten. Mit der Förderung und Verarbeitung von Eisenerzen wurde das erst 1942 gegründete Salzgitter bekannt. Heute leben hier 110 000 Menschen.

Salzgitter-Bad ist mit der stärksten Naturthermalsolequelle Deutschlands ein anerkannter Kurort und lädt mit seiner sehenswerten Altstadt, eingebettet in den Salzgitter Höhenzug, zu Wanderungen ein. Der Salzgittersee ist ein Naherholungsgebiet. Besuchen Sie die Kulturscheune in Salzgitter-Lebenstedt und die Kniestedter Kirche in Salzgitter-Bad.

Info

Touristinformation, Wirtschafts- und Innovationsförderung Salzgitter GmbH, Windmühlenbergstr. 20, 38259 Salzgitter, Fon 05341 900 9940 sowie 393738, info@wis-salzgitter.de, www.wis-salzgitter.de, www.salzgitter.de

Städtisches Museum Schloss Salder, Museumsstr. 34, 38229 Salzgitter, Fon 05341 839-4612 oder 839-4619

SALZGITTER
4 Städte und 27 Dörfer, Industrie und Natur

WOLFENBÜTTEL

Mehr als 600 alte Fachwerkhäuser, ein historischer Stadtmarkt, sehenswerte Kirchen und dann die Herzog August Bibliothek, die umfassendste Sammlung von Büchern der Zeit zwischen Humanismus und Aufklärung (allein 350.000 Bände vom 15. bis 18. Jahrhundert): Die ehemalige Residenzstadt Wolfenbüttel repräsentiert Kultur – malerisch und im Original. Springen wir mitten hinein, zum Lessingplatz und zur Lessingstraße. Dort befindet sich die Herzog August Bibliothek.

Die insgesamt 800.000 Bücher in der Schatzkammer der Literatur wollen Sie sicher nicht alle lesen, aber das Haus, in der Wilhelm Gottfried Leibniz (1646-1716) und Gotthold Ephraim Lessing (1729-1781) arbeiteten, müssen Sie gesehen haben. Es war Herzog Julius, der 1572 die Bibliothek ins Leben rief. Damals war sie noch im Schloss. Doch ihren Namen erhielt sich von Herzog August dem Jüngeren, dem Friedensfürsten und Büchersammler, der hier von 1634 bis 1666 regierte. Aner-

WOLFENBÜTTEL
Mehr als 600 Fachwerkhäuser prägen das Stadtbild

Wolfenbüttel
Orte der Literatur: Bibliothek (o) und Lessinghaus (u, mit Schloss)

kennend sprachen die Gelehrten damals schon vom achten Weltwunder, angesichts dieser herausragenden Büchersammlung.

Gleich nebenan steht das Lessinghaus. Der Schriftsteller, den der Herzog von Braunschweig-Wolfenbüttel 1770 als Bibliothekar hierher geholt hatte, zog 1777 in das dreiflügelige Haus, das einem spätbarocken, französischen Parkschlösschen nachempfunden ist. In dem Haus entstand 1772 Weltliteratur: „Emilia Galotti".

Info

Tourist-Information, Stadtmarkt 7, 38300 Wolfenbüttel, Fon 05331 86280, www.wolfenbuettel-tourismus.de

SERVICE

SERVICE

Allerpark (Wolfsburg AG Erlebniswelt)

Major-Hirst-Straße 11, 38442 Wolfsburg, Fon 05361 89 71 4-0, info@wolfsburg-ag.com, www.wolfsburg-ag.de

Anfahrt

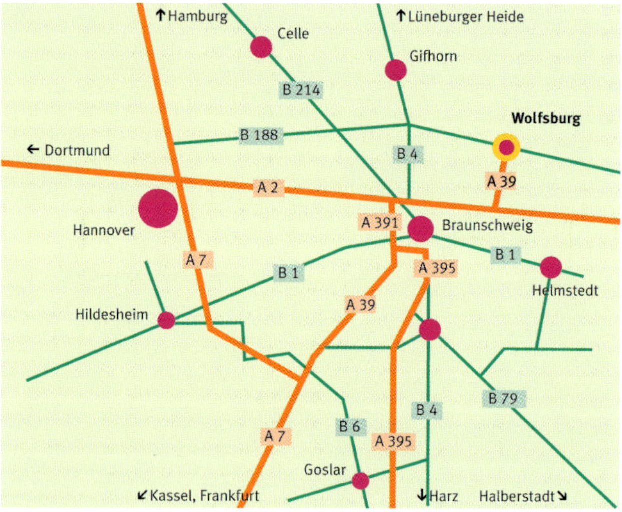

Autostadt

Ihr „Eingang" zu VW: das KonzernForum, das Entrée. Mit drei Restaurants, Läden. Dann: Erlebniswelt, Schnittmodellshow, Motorsimulator, Nebelgang und 360 Grad-Kino. Jeder Pavillon ein Erlebnis: ZeitHaus, Audi Pavillon, Bentley Pavillon, Lamborghini Pavillon, Seat Pavillon, Skoda Pavillon, Volkswagen Pavillon, VW-Nutzfahrzeuge Pavillon, Volkswagen-Werk. Informieren Sie sich auch über das 2-Tages-Ticket, Familienkarte, Abendkarte. Erlebnisführung dauert zwei Stunden, Übersichtsführung 45 Minuten. Die Werk-Tour dauert eine Stunde und interessant ist auch die Maritime Panorama Tour mit der MS Stadt Schönebeck über den Mittellandkanal.
Autostadt, Stadtbrücke, 38440 Wolfsburg,
Fon 0800 288 67 82, service@autostadt.de, www.autostadt.de

Wolfsburger Allgemeine
WAZ
Schwarzgelb lässt Schäuble scheitern
Geld für Straßen freigegeben
4,64 Millionen Arbeitslose
Der Kanzler spricht nicht mehr mit „Bild"
Wissen, was vor Ihrer Tür passiert.
Jetzt kostenlos
14 Tage probelesen
rufen Sie an
(0 53 71) 808 - 119
Wolfsburger Allgemeine
WAZ
Wolfsburger Allgemeine
Sarrasani: Zirkus auf dem Hollerplatz!
Freitag, 17. Januar 2003
WAZ
Wissen, was passiert

BadeLand

Eines der modernsten und größten Freizeitbäder in Deutschland. Ein einmaliges Raumkonzept, attraktive Sport-, Spiel- und Spaßmöglichkeiten und eine überwältigende Badelandschaft und Saunavielfalt auf 22.000 qm:

Mehr als 3.000 qm Wasserfläche, eine 139 m lange Zweier-Röhrenrutsche „Rafting-Slide" und die Riesenrutsche „Black Hole" (110 m), Wasserspielgarten für die Kleinen, Saunalandschaft auf 2.400 qm mit sage und schreibe 11 Saunen, eine hat sogar den Blick auf den Allersee. Übrigens: Kinder bis 99 cm Körpergröße haben freien Eintritt.

Badeland Wolfsburg, Am Allerpark, Fon 05361 890 00, www.badeland-wolfsburg.de

Bus und Bahn

Omnibusse in Wolfsburg, Fon 05361 18 92 00
Deutsche Bahn, Reiseservice, Fon 11861, gebührenpflichtig
Deutsche Bahn, Fahrplanauskunft, Fon 0800 150 70 90, kostenfrei
Deutsche Bahn, Service für Mobilitätseingeschränkte,
Fon 01805 51 25 12, gebührenpflichtig

DDR-Grenze

Gedenkstätte Deutsche Teilung Marienborn, Fon 039406 920 90
Zonengrenzmuseum Helmstedt, Südertor 6, 38350 Helmstedt,
Fon 05351 121 11 33

Erlebnis-Pass

Das ist ein Gutscheinheft, vom City Marketing & Tourismus Wolfsburg e.V. herausgegeben. Es kostet 25 Euro, vergleichsweise wenig, denn der Wert der Gutscheine beträgt fast das zwanzigfache. Vom Gutschein für einen Cocktail bis zum kostenlosen Disco-Eintritt ist alles drin. Zu beziehen über Tourist-Info, Fon 05361 143 33

Fahrradverleih

Infos bei der Tourist-Information am Bahnhof

mutig, lebendig,
einzigartig.
phæno. Ich entdecke!
Die Experimentierlandschaft ... bald in Wolfsburg
www.phaeno.de

Freibad-Tipp
VW-Bad am Berliner Ring, Fon 05361 240 04

Heidersberger
Institut für moderne und zeitgenössische Fotografie im Schloss Wolfsburg, Fon 05361 65 59 13, www.heidersberger.de

Hotels
Hier finden Sie eine Auswahl empfehlenswerter Hotels. Weitere gute Hotels erfahren Sie über die Tourismus-Info. Ebenfalls informiert man Sie dort über Privatzimmer, Fon 05361 143 33 und tourist@wolfsburg.de
Online-Reservierung www.wolfsburg-tourismus.de

Alte Mühle
Wolfsburger Straße 72, 38554 Wolfsburg-Weyhausen,
Fon 05362 980 00, www.alte-muehle.de
Alter Wolf
Schlossstraße 21, 38448 Wolfsburg, Fon 05361 865 60,
www.alter-wolf.de
Im historischen Teil direkt am Schloss, Autostadt ist zu Fuß gut zu erreichen

An der Wasserburg
An der Wasserburg 2, 38446 Wolfsburg-Neuhaus,
Fon 05363 94 00, www.an-der-wasserburg.de
7 km von der Innenstadt, komfortabel ausgestattet, in 250 Jahre altem Gebäude

Brackstedter Mühle
Zum Kühlen Grunde 2, 38448 Wolfsburg, Fon 05366 900,
www.brackstedter-muehle.de
Ländlich-rustikales Ambiente, mit familiärer Atmosphäre und guter Regionalküche

Casa Antigua
Zu dem Balken 7, 38448 Wolfsburg-Kästorf,
Fon 05361 60 15 90, www.casa-antigua.de

Lindenhof Nordsteimke
Hehlinger Straße 10, 38446 Wolfsburg-Nordsteimke,
Fon 05363 975 73, www.lindenhofnordsteimke.de
Im Fachwerkstil im Jahr 2000 erbaut, Bierstube

Ludwig im Park
Gifhorner Straße 25, 38442 Wolfsburg, Fon 05362 94 00,
www.ludwig-im-park.de
Im Grünen eine Oase der Ruhe, Nähe Fallersleben, sehr guter Komfort

Parkhotel
Unter den Eichen 55, 38446 Wolfsburg, Fon 05361 50 50,
www.parkhotel-wolfsburg.de
Ein Haus der Ruhe mit viel persönlicher Atmosphäre, Wintergarten und Sommerterrasse direkt am Hasselbachtal, Sonderaktionen wie Kuchen Klassiker, Spargelbuffet, Brunch, Barbecue und Gastronomie-Show
Ein gutes, familiär geführtes Haus unter Denkmalschutz. Vom Wintergarten schöner Blick in den Park.

The Ritz Carlton
Stadtbrücke, 38440 Wolfsburg,
Fon 05361 60 70 00, www.ritzcarlton.de
Das absolute Spitzenhotel

Seehotel am Tankumsee
Eichenpfad 2, 38550 Isenbüttel,
Fon 05374 91 00, www.seehotel-tankumsee.de
Schöne Atmosphäre mit viel Herzlichkeit, Seeterrasse, Restaurant Seerose und Wittinger Stübchen

Tryp Hotel Wolfsburg
Willy-Brandt-Platz 2, 38440 Wolfsburg, Fon 05361 89 90 00
Absolut zentrale Lage. Nur wenige Minuten zur Autostadt.

Tipp – etwas weiter weg: Erlebniswelt Gudhorst
Eine Ringburg aus Holz- und Ziegelhäusern: Ein kleines Hotel mitten im Naturpark Elm-Lappwald. Der Hofladen bietet Produkte

der „Erlebnisgärtnerei". Kaffee trinkt man im Gewächshaus oder auf der Terrasse.
Gudhorst, Querenhorster Straße 1, 38368 Rennau/Rottorf, Fon 05356 918 10, www.gudhorst.de

Italien in Wolfsburg

Centro Italiano
Am Hasselbach 1, Fon 05361 146 74

Deutsch – Italienischer Freundeskreis e.V., c/o Hans Karweik,
Schlossstraße 43, Fon 05361 660 63

Instituto Italiano di Cultura
Goethestraße 52, Fon 05361 29 80 10, www.iic-wolfsburg.de

Kultur in Wolfsburg

Kulturbüro Kleiststraße 37, 38440 Wolfsburg,
Fon 05361 891 28 50, kulturbüro@stadt.wolfsburg.de
Stadtbibliothek, Alvar Aalto Kulturhaus, Porschestraße 51
Fon 05361 28 21 32

Kunstmuseum
Ein imposanter Bau aus Glas und Stahl, mit offenem, säulengestützten Eingangsbereich, 1994 eröffnet. Sehenswerte, bedeutende Ausstellungen. Die großen Ausstellungen widmen sich einzelnen Künstlern oder einem Thema. Schwerpunkt liegt bei der modernen und zeitgenössischen Kunst. Das Museum ist ein Forum für die Auseinandersetzung mit zeitgenössischer Kunst und bietet eine Vielzahl von Angeboten für alle Alters- und Kenntnisstufen.
Porschestraße 53, Fon 05361 266 90
www.kunstmuseum-wolfsburg.de

Marketing & Tourismus

City Marketing & Tourismus Wolfsburg e.V. (CMT), Heinrich-Heine-Straße 34a, 38440 Wolfsburg, Fon 05361 218 41

Museen in und um Wolfsburg

Automuseum, siehe Volkswagen AutoMuseum
Autostadt, siehe Autostadt
Burg Neuhaus, Ortsteil Neuhaus, Fon 05361 4 00 17
Heinrich-Büssing-Haus, Nordsteimke, Fon 05363 41 72
Hoffmann-von-Fallersleben-Museum, Schloßplatz, Fallersleben, Fon 05362 526 23
Kunstmuseum Wolfsburg, Porschestraße 53, Fon 05361 266 90, www.kunstmuseum-wolfsburg.de
Kunstverein, Schloss Wolfsburg, Fon 05361 674 22
www.kunstverein-wolfsburg.de

Schloss Wolfsburg, Fon 05361 891 28 50
Städtische Galerie, Schloss Wolfsburg, Fon 05361 82 85 12
Stadtmuseum, Schloss Wolfsburg, Fon 05361 82 85 40

Planetarium
Uhlandweg 2, Fon 05361 219 39, www.planetarium-wolfsburg.de

Polizei

Inspektion Wolfsburg, Heßlinger Straße 27, Fon 05361 464 60

Restaurants, Cafés, Bistros

Aalto-Bistro
italienische Spezialitäten
Porschestraße 51, im Alvar-Aalto Kulturhaus, Fon 05361 891 89

Alter Wolf
Schlossstraße 21, am Schloss, Fon 05361 865 60, www.alter-wolf.de

Altes Brauhaus
Schloßplatz 6, Fallersleben, eigene Biersorten, Fon 05362 31 40, www.brauhaus-fallersleben.de

Aqua und Vision im Ritz-Carlton
Stadtbrücke, Fon 05361 60 70 91, www.ritzcarlton.com

Atelier-Café
An der St. Annen-Kirche, nett, Fon 05361 122 19

Autostadt-Restaurants
Chardonnay, gehobene Gastronomie, zugänglich auch ohne Autostadt-Eintritt, Fon 05361 40 61 50
Lagune, Mövenpick-Restaurant, zugänglich auch ohne Autostadt-Eintritt, Fon 05361 40 61 31
und Cafés

Brackstedter Mühle
Ländlich-feine Küche in historischem Ambiente in historischer Wassermühle, gutes familär geführtes Haus, auch Hotelbetrieb, etwa zehn Autominuten nördlich der Innenstadt
Zum Kühlen Grunde 2, Fon 05366 900,
www.brackstedter-muehle.de

Café Schau ins Land
Anemonenweg 16, guter Ausblick aus dem 16. Stock,
Fon 05361 50 13 83

Café Cadera
Porschestraße 38, eines der ältesten Cafés der Stadt, Wiener Stil, Fon 05361 121 25

Fellini
Kleiststraße 46, 38440 Wolfsburg, Fon 05361 27 01 92,
www.restaurant-fellini.de

La Grotta
Rothenfelder Straße 21, beliebter Italiener, Fon 05361 129 49

Lindenhof Nordsteimke
Hehlinger Straße 10, 38446 Wolfsburg-Nordsteimke,
Fon 05363 975 73, www.lindenhofnordsteimke.de

Ludwig im Park/La Fontaine
Gifhorner Straße 25, 38442 Wolfsburg, Fon 05362 94 00,
www.ludwig-im-park.de/fontaine

Roma Antica
Herzogin-Clara-Straße 34, Fallersleben, beliebter Italiener, Fon 05362 614 44

Schlossremise
Schlossstraße 6, 38448 Wolfsburg, Fon 05361 86 77 77, www.schlossremise.wolfsburg.de

Trattoria Incontri
Goethestraße 53-55, sehr beliebtes italienisches Restaurant, Fon 05361 43 72 54

vitapark
Alter Damm 2, 38448 Wolfsburg-Vorsfelde, vegetarische Gerichte, am Wochenende geschlossen, Fon 05363 98 98 93, www.vitapark.de

Walino
Porschestraße 53, Fon 05361 255 99,
www.kunstmuseum-wolfsburg.de und www.walino.de
Bistro mit Weitblick auf Planetarium und Klieversberg

Zum Tannenhof
Kleiststraße 49, sehr gut zu sitzen, guter Service, Fon 05361 86 15 86

Shopping

Natürlich auch in der Autostadt: metropol-finest selection, eine wirklich feine Adresse. ZeitReise im Zeithaus: Einkauf um das Thema Automobil. Collection: Alles für VW-Fahrer, Accessoirs bis hin zu Fahrrädern. Und der Gift-Shop im Ritz-Carlton: Parfüms, Handtücher, Bademäntel. Gute Weine gibt es im Chardonnay/Autostadt

City-Galerie, Porschestraße 45, 38440 Wolfsburg

Mit dem CityMobil können Sie bequem und kostenlos während der Ladenöffnungszeiten im 10-Minuten-Takt zu jedem Punkt in der Porschestraße fahren

Szene

Bar Holiday Inn
Rathausstraße/Ecke Porschestraße, Treffpunkt für spät abends, Fon 05361 20 70, www.wolfsburg-citycentre-holiday-inn.de

Café Schrill
Hattorfer Straße 23, Mörse, ausgefallene Biersorten, Fon 05361 715 25

Café Zakk
Schachtweg 31a, Pop, Fon 05361 158 57

Esplanade
Wielandstraße 1, Disco, Fon 05361 129 40

Nachtschicht
Porschestraße 32/Ecke Kleiststraße

Newman´s Bar
im Ritz-Carlton der Autostadt, benannt nach dem Fotografen Arnold Newman, Fon 05361 60 70 00, www.ritzcarlton.de

Tagungen und Kongresse

CMT, Heinrich-Heine-Straße 34a, 38440 Wolfsburg, Fon 05361 218 41
Congress Park, Heinrich-Heine-Straße, Fon 05631 26 00

Theater

Theater Wolfsburg
Am Klieversberg, www.theater-wolfsburg.de
Schon als Bauwerk sehenswert. Karten gibt es im Theater-Pavillon (Fon 05361 26 73 37) am Rathaus, im Theater (05361 26 73 10) oder an der Abendkasse (05361 26 73 17)

Galerie Theater
An der St. Annen-Kirche 28, Fon 05361 176 50

figurentheater compagnie
Am Hasselbach 4, Fon 05361 27 62 37

Tierpark Essehof
Am Tierpark 3, 38165 Lehre-Essehof, Fon 05309 88 62, www.tierpark-essehof.de

Volkswagen AutoMuseum
Stiftung AutoMuseum Volkswagen, Dieselstraße 35, 38446 Wolfsburg, Fon 05361 520 71

Volkswagen Besucherdienst
Idealerweise alles erst über das Eingangsportal der Autostadt. Der Besucherdienst im Werk: Konzernkommunikation, K-GK/K1, Besucherdienste, Brieffach 011/197 61, 38436 Wolfsburg, Fon 05361 93 77 87, www.volkswagen.de

Tourist-Informationen

Braunschweig, Vor der Burg 1, 38100 Braunschweig, Fon 0531 27 35 50, www.braunschweig.de

Drömling, Bahnhofstr. 32, 39646 Oebisfelde, Fon 039002 85 00, www.naturpark-droemling.de

Elm-Lappwald, Geschäftsstelle beim Landkreis Helmstedt, Südertor 6, 38350 Helmstedt, Fon 0531 121 14 44, www.helmstedt.de

Gifhorn, Marktplatz 1, 38518 Gifhorn, Fon 05371 881 75, www.gifhorn4u.de

Helmstedt, Rathaus, Markt 1, 38350 Helmstedt, Fon 05351 173 33, www.stadt-helmstedt.de

Otter-Zentrum Hankensbüttel
Etwa 30 km nördlich von Wolfsburg: Aktion Fischotterschutz, 29386 Hankensbüttel, Fon 05832 980 80, www.otterzentrum.de

Salzgitter, Windmühlenbergstraße 20, 38259 Salzgitter, Fon 05341 900 99 40, www.salzgitter.de

Wolfsburg, Willy-Brandt-Platz 5 (direkt am Bahnhof), Fon 05361 143 33 und 124 66, www.wolfsburg-tourismus.de

Wolfenbüttel, Stadtmarkt 7, 38300 Wolfenbüttel, Fon 05331 862 80, www.wolfenbuettel-tourismus.de

FOTONACHWEIS

Stadt Wolfsburg 17 19 23 53(o) 55 56 59 91 92 94 104 105 111 112(2x) 113(2x) Titel(u) Rücktitel(4x)
Marc-Oliver Schulz 4/5 66 68 70 72 73 74 76/77 88 154/155 Titel(o)
Volkswagen AG 79 80 81(2x) 82(2x) 83
Knut Diers 87 93 97 99(2x) 110
ben.Stadtmuseum 24 25 32 34 35 Rücktitel Barockgarten
Marketing- und Servicegesellschaft Allerpark mbH/Birgit Freitag 13 65 107 Rücktitel Tulpen
Marketing- und Servicegesellschaft Allerpark mbH 128
Kunstmuseum Wolfsburg 50(2x) 51
Kunstmuseum Wolfsburg/Helge Mundt 48/49
Autostadt 71 84 Plan hinterer Umschlag
BadeLand Wolfsburg 41 42(2x)
Landkreis Helmstedt 119 122(2x)
Archiv Stadt Wolfenbüttel 125 126(2x)
M. Schlomm-Mesner, Wolfenbüttel 126(2x)
Gifhorn Tourismus GmbH 120 121
L&H Verlag/Jutta Brüdern 116 117
Planetarium Wolfsburg 52 53(u)
Klaus Reichardt 63 64
Stadt Salzgitter, Werbefotoarchiv 124(2x)
Stiftung Automuseum Volkswagen 61(2x)
Karin Blüher 10
Domenico Mango 102
Eugenio Moreschi 103
Wolfsburg AG 40

Abb. S. 14 entnommen aus „Matthaeus Merian: Die schönsten Städte Niedersachsens. Aus den Topographien", Hoffmann und Campe Verlag Hamburg, 1964

WISSENSWERTES

Viele leben allein: Wolfsburg hat 122.149 Einwohner, davon sind 12.544 Ausländer (10,3 Prozent). Die größte Gruppe davon sind Italiener (5780). Es gibt mehr Frauen (50,9 Prozent) als Männer in der Stadt. 36,2 Prozent der Wolfsburger sind ledig, 49,8 Prozent verheiratet, 7,9 Prozent verwitwet und 6,1 Prozent geschieden. Die meisten (34.353 Wolfsburgerinnen und Wolfsburger) leben allein in einem Haushalt.

Raus aus den Hochhäusern: Seit 2001 wächst die Bevölkerung wieder (durch Zuzug). Die meisten Einwohner der Stadt- und Ortsteile hat Vorsfelde (12.130), die wenigsten das Dorf Warmenau nordwestlich der Kernstadt. Die größten Abwanderungen mussten in den vergangenen zehn Jahren die Stadtteile mit den Hochhaussiedlungen Detmerode und Westhagen hinnehmen, am meisten Zuwachs hatten Reislingen und Laagberg.

Mehr Studenten: An der Fachhochschule Braunschweig-Wolfenbüttel in Wolfsburg studieren 1846 Studenten (1323 Männer und 523 Frauen). Die meisten studieren Wirtschaft (789), gefolgt von Produktions- und Verfahrenstechnik (757) und Gesundheitswesen (300).

Voll motorisiert: Passend zur VW-Stadt ist der hohe Bestand an Personenwagen. Es gibt 102.743 Menschen, die älter als 18 Jahre sind, und 98.810 angemeldete Autos. Das ist fast ein Verhältnis von 1:1. Auffallend stark ist der Zuwachs an Krafträdern: in den vergangenen zehn Jahren fast verdoppelt auf 5037.

Sportlich: Die 114 Vereine der Stadt haben zusammen 42.321 Mitglieder. Stärkster Verein ist der VfL Wolfsburg mit 4773 Sportbegeisterten. Das Badeland im Allerpark erweist sich als Publikumsmagnet: Täglich kommen durchschnittlich 1835 Gäste.

WOLFSBURG-QUIZ

Wenn Sie ein waschechter Wolfsburger werden wollen, sollten Sie mindestens vier Richtige haben. Aber im Ernst: Die Antworten finden Sie, wenn Sie diesen Führer gründlich lesen (oder unten auf der Seite).

1. Wieviele Currywürste werden jährlich im VW-Werk hergestellt?
a) 100.000 b) 1 Million c) gar keine

2. Was ist das „italienische Dorf"?
a) eine Siedlung am südlichen Stadtrand („Toskanahügel")
b) eine Restaurantzeile in der Porschestraße
c) eine Wohnsiedlung für italienische Gastarbeiter, die nach dem Zweiten Weltkrieg dort stand, wo sich heute Allerpark und Volkswagen Arena befinden.

3. Wie heißt das älteste Wohnhaus in der Wolfsburger Innenstadt und wo steht es?

4. Was ist ein Epitaph und wo ist er in Wolfsburg zu sehen?
a) Denkmal oder Schrifttafel, erinnert an Tote, gebräuchlich seit dem 14. Jahrhundert, zu sehen in der St. Marien-Kirche, gewidmet dem letzten Grafen von Bartensleben und seiner Frau.
b) Ein- oder mehrschichtige Rüstungsverstärkung, es gibt Platten-, Pflaster- und Zylinder-Epitaphe, zu sehen in der Burg Neuhaus.
c) Innendruckmesser in Doppelvergasern vor 1950, zu sehen im Zeithaus der Autostadt.

5. Welches Emblem hat das Kunstmuseum?
a) einen silbrigen Wolf
b) einen grünen Pegasus
c) einen rosa Wal

Auflösung:

1 b, 2c, 3: das Hirtenhaus von Bildhauer Hermann Kracht in Alt-Hesslingen aus dem Jahr 1685 (siehe Kapitel Spaziergänge „Durchs alte Dorf"), 4 a, 5c

REGISTER

AUTOR

Knut Diers, Jahrgang 1959, ist ein Fan der Stadt, seit er mit seinem Paddelboot auf dem Mittellandkanal anreiste. Er legte am Ritz-Carlton an – als erster Gast, der auf dem Wasser kam. Da wurde sogar der rote Teppich ausgerollt. Als Geograph und Reiseredakteur der Hannoverschen Allgemeinen Zeitung hat er schon einiges von der Welt gesehen, aber ins „Schanghai Niedersachsens" kommt er immer wieder gern, weil sich hier soviel so schnell verändert. Festpunkte sind ihm auch lieb: der Schillerteich und die dicken Holzstühle am Wasser in der Autostadt. Es gibt noch eine bleibende Erinnerung: Im Badeland sprang sein Sohn zum ersten Mal vom Fünfmeterturm.

Über Korrekturhinweise und Anregungen freuen wir uns:
L&H Verlag   Barnerstr. 14   22765 Hamburg
kontakt@LH-Verlag.de   www.LH-Verlag.de